책을 읽는 사람만이 손에 넣는 것

本を読む人だけが手にするもの

藤原和博 著

日本実業出版社 刊

2015

HON WO YOMU HITO DAKE GA TE NI SURU MONO

by Kazuhiro Fujihara

First published by Nippon Jitsugyo Publishing, Tokyo, Japan.

책을 ＿＿＿ 읽는 사람만이 손에 ＿＿넣는 것

인생을 살아가는 데 필요한 독서의 힘

후지하라 가즈히로 지음 | 고정아 옮김

비즈니스북스

책을 읽는 사람만이 손에 넣는 것

1판 1쇄 발행 2016년 4월 15일
1판 10쇄 발행 2024년 1월 19일

지은이 | 후지하라 가즈히로
옮긴이 | 고정아
발행인 | 홍영태
편집인 | 김미란
발행처 | (주)비즈니스북스
등 록 | 제2000-000225호(2000년 2월 28일)
주 소 | 03991 서울시 마포구 월드컵북로6길 3 이노베이스빌딩 7층
전 화 | (02)338-9449
팩 스 | (02)338-6543
대표메일 | bb@businessbooks.co.kr
홈페이지 | http://www.businessbooks.co.kr
블로그 | http://blog.naver.com/biz_books
페이스북 | thebizbooks
ISBN 979-11-86805-22-0 03020

* 잘못된 책은 구입하신 서점에서 바꾸어 드립니다.
* 책값은 뒤표지에 있습니다.
* 비즈니스북스에 대한 더 많은 정보가 필요하신 분은 홈페이지를 방문해 주시기 바랍니다.

비즈니스북스는 독자 여러분의 소중한 아이디어와 원고 투고를 기다리고 있습니다.
원고가 있으신 분은 ms1@businessbooks.co.kr로 간단한 개요와 취지, 연락처 등을 보내 주세요.

'왜 책을 읽으면 좋은가?'

이 책은 그런 질문에 대해 생각하게 한다. 부모님과 선생님은 툭 하면 아이들에게 책을 읽으라고 강조하고 때로는 강요하기도 한다. 그런데 아이가 "왜 책을 읽어야 하는 거죠? 책을 읽으면 뭐가 좋은 데요?" 하고 질문했을 때 논리정연하게 대답할 수 있는 어른이 얼마나 될까.

독자 중에 어렸을 때 책을 읽으라는 어른들의 말을 듣고 그런 의문을 품어 보지 않은 사람은 없을 것이다. 현재 자녀를 키우는 부모라면 아이가 그런 질문을 했을 때 선뜻 대답하지 못하고 말문이 막혀 머뭇거렸던 경험이 한 번쯤 있을 것이다. 그런 경험이 있는 독자에게 독서의 본질에 대해 꼭 한번 묻고 싶다.

내가 말하는 책은 소설, 에세이, 자기계발서, 과학물을 포함한 논픽션, 자서전, 다큐멘터리 등의 일반 서적이다. 전문 분야의 연구서를 제외한 이유는 한 분야의 전문가나 연구자가 되고자 하거나 그 분야에 종사한다면 관련 서적을 읽는 것은 당연하다. 그럴 경우 '왜 책을 읽으면 좋은가?'에 대해 굳이 물어 볼 필요가 없기 때문이다.

처음부터 짚고 넘어갈 것이 있다. 나는 최근 유행하는 독서법이나 속독법에 관해 언급할 생각은 추호도 없다. 또한 고전과 친해져야 한다는 등 고리타분한 설교를 하려는 것도 아니다. 무엇을 어떻게 읽을 것인지는 각자 자유롭게 생각하면 된다. 물론 전자책이 바람직하지 않다는 이야기도 하지 않을 것이다. 정보가 전자화되는 것은 자연스러운 시대 흐름이니 말이다. 더욱이 나는 종이책도 훌륭한 모바일 단말기(휴대할 수 있는 장치)라고 생각하는 쪽이다. 따라서 앞으로의 독서 경향을 생각할 때 사실이냐 가상이냐, 지면이나 전자냐 하는 논쟁은 의미가 없다고 생각한다.

사설은 이쯤에서 마무리하고 본론으로 들어가기로 하자. 독자들이 이 책을 통해 독서에 대해 다시 한 번 생각해 볼 수 있는 계기가 된다면 더할 나위 없이 기쁘겠다.

책을 읽지 않는 사람은 살아남을 수 없다

나는 지금까지 '성숙 사회'에 대해 강연과 책을 통해 끊임없이 언급해 왔다. 오랜 시간 동안 똑같은 이야기를 하는 데는 그만한 이유가 있다. 일본은 이미 성숙 사회로 옮겨 간 지 오래다. 그런데 문제는 그것을 현실로 받아들이고 이해하는 사람이 매우 적다는 것이다. 성숙 사회에 대한 이해가 없는 상태에서 독서의 의미를 짚어 보는 것은 불가능하다. 따라서 이 대목에서 다시 한 번 강조하고자 한다. 일본의 20세기형 성장 사회는 1997년을 기점으로 종언을 맞이했다. 전후의 폐허에서 일본이 지속적으로 쑥쑥 성장해 왔다는 사실은 모두가 아는 바다. 성장 사회는 1950년대 중반에 시작된 고도 성장기를 거쳐 1980년대 후반부터 일어난 거품 경기로 절정을 맞이한다.

그리고 거품 경기는 1990년대 초에 붕괴한다. 거품을 견인해 온 주가, 땅값, 주택 가격 등 자산 가치가 하락하면서 이른바 '잃어버린 10년'에 들어서고 말았다. 그 여파로 많은 금융기관이 불량 채권의 부담을 견디지 못하고 무너졌다. 1997년에는 거품경제의 상징이라고 할 수 있는 주식을 취급하는 증권회사가 파탄했는데, 결정적인 사례가 야마이치山─증권과 산요三洋증권이다. 이런 분위기는 또 하나의 거품경제의 상징인 부동산에 자금을 제공했던 은행의 파산으로 이어졌다. 바로 홋카이도 다쿠쇼쿠北海道拓殖은행의 도산이다. 그리고 다음 해에는 일본 장기신용은행과 일본 채권신용은행이 도산하기 시작했다.

실제 데이터를 봐도 한동안 상승했던 1인당 명목 GDP가 1997년을 기점으로 하강하기 시작했다. 이제 20세기형 성장 사회가 마지막을 맞이했음이 명백하다. 그 이후 지금까지와는 전혀 다른 21세기형 성숙 사회로 이행했다고 할 수 있겠다. 그런 변화에 보조를 맞추기라도 하듯 사회도 변해 갔다. 한마디로, 20세기형 성장 사회가 상징하는 '다 같이'라는 시대에서 21세기형 성숙 사회가 상징하는 '개개인 각자'의 시대로 바뀐 것이다.

이런 사회 분위기를 전화기의 변천 과정으로 생각해 보면 이해하기 쉽다. 과거에는 전화기가 한 집에 한 대씩 있는 모습이 일반적이었다. 전화 회선은 한 집에 하나로, '다 같이' 사용한다는 인식이었다. 그런데 거품경제의 붕괴와 더불어 커다란 변화가 일어나기 시작했다. 일본 총무성 조사에 따르면 1993년 1.4퍼센트였던 휴대전화 보급률이 1998년에는 25퍼센트까지 급상승한다. 그 이후 보여준 휴대전화의 급속한 보급은 모두가 실제로 체험한 바와 같다. 다 같이 사용하는 한 집에 한 대 있는 고정 전화에서 개개인 각자가 휴대전화를 갖기 시작한 것은 시대의 변화를 여실히 보여준다.

또 하나의 예로, 일본의 결혼식 답례품을 통해서도 시대의 변화를 엿볼 수 있다. 예전에는 예산에 맞춰 답례품을 골라 그것을 결혼식에 참석한 사람들에게 나눠 주는 것이 일반적이었다. 따라서 어느 결혼식에서나 답례품은 천편일률적이었다.

결혼식에서 받아 온 답례품은 과연 어떤 운명에 처할까? 아까워서 버리지도 못하고 부엌 찬장이나 안방 옷장 구석에 처박혀 있다가 유치원이나 초등학교에서 열리는 벼룩시장에 등장하는 경우가 적지 않았다. 그런데 이런 것을 '이상하다'고 생각한 링벨Ringbell이라는 회사가 있었다. 그들은 천편일률적인 답례품에서 벗어나 각자 예산에 맞는 다양한 가격대(예를 들면 3,000엔, 5,000엔, 1만 엔 등 요즘에는 15만 엔짜리 코스까지 있다!)의 수백 가지 상품 중에서 답례품을 고를 수 있도록 카탈로그를 만들었다. 이제는 '개개인 각자'가 자신의 취향에 따라 답례품을 고를 수 있게 되었다.

링벨은 1987년에 설립된 회사로 2000년에는 100억 엔의 매출을 달성했고, 2004년에는 200억 엔, 2008년에는 400억 엔으로 4년마다 200퍼센트 성장을 반복하고 있다. 이처럼 이 회사가 급성장하게 된 것도 개개인 각자가 중시되는 성숙 사회로 이행했음을 보여주는 사례가 아닐까 생각한다.

'다 같이'의 시대에는 정형화된 행복론이 있었다. 일본인이라면 누구나 정답처럼 마음속에 똑같은 행복론을 가지고 있었다. 부모님이나 선생님의 말씀을 잘 듣고 빨리, 제대로 정답을 찾아내는 착한 아이가 되면 모두가 원하는 좋은 고등학교와 좋은 대학교에 들어갈 수 있었다.

좋은 대학교에 들어가면 상장 기업이나 대기업처럼 이른바 좋은 회사에 취직하거나 안정적인 공무원이 될 수 있다. 그렇게 취직만 하면 적어도 과장까지는 승진이 보장되고 나름의 안정적인 연봉을 받을 수 있다. 그리고 특별한 문제를 일으키지 않는 한 정년까지 근무하다 퇴직하면서 목돈을 손에 쥔다. 매년 안정적으로 오르는 수입을 바탕으로 30~35년이라는 만만치 않은 기간 동안 상환해야 하는 대출을 받아 한두 시간에 출퇴근할 수 있는 교외에 주택이나 아파트를 산다. 정년퇴직할 즈음 남은 대출금은 목돈으로 받는 퇴직금이 있으니 크게 걱정할 필요가 없다.

정년 전후에는 결혼한 자녀들이 손주들을 데리고 집에 찾아온다. 한동안은 그 재미로 하루하루를 보내지만, 이윽고 아무도 찾아오지 않게 된다. 자녀들이 직장을 다니거나 집안일로 바빠졌을 수도 있고, 손주가 입시나 학교생활 때문에 시간이 안 날 수도 있다. 어쩌면 손주가 사춘기에 접어들면서 부모를 따라다니기 싫어할 수도 있다.

이제 그들은 외로움을 달래기 위해 애완동물을 기르기 시작할지도 모르겠다. 매일 아침 애완동물을 데리고 산책을 나가는 일상이 습관처럼 자리 잡을 것이다. 그러다(별로 좋은 얘기가 아니라서 이런 말을 한다는 게 나 자신도 썩 기분이 좋지는 않다. 어쩌면 적절한 예가 아닐 수도 있겠다.) 정년퇴직해서 10년 남짓 살다가 천수를 다하는 일이 생길 수도 있다.

이것이 일본의 20세기형 성장 사회에서 흔하게 볼 수 있었던 전형적인 행복론이다. 그 당시에는 누구나 할 것 없이 모두가 이런 '공동의 환상'을 추구했다. 20세기형 성장 사회에서는 그런 일반적인 행복 패턴을 추구하고 흐름을 타기만 해도 70퍼센트의 사람이 행복해질 수 있었다. 그들은 특별한 라이프 디자인을 의식할 필요도 없었다. 그런 흐름이 형성되었던 두드러진 시기가 바로 1980년대였다. 국민들의 인생을 국가와 기업이 자동으로 만들어 주었기 때문이다. 자신이 근무하는 회사라는 '소용돌이'에 휩쓸려 있기만 하면, 회사가 알아서 행복하게 만들어 주었다. 하지만 성숙 사회에서는 그저 닥치는 대로 열심히 일해도 모두 '다 같이'의 행복을 거머쥐기가 쉽지 않다.

취미의 독서에서
인생을 열어 나가기 위한 독서로

성숙 사회에서는 개개인 각자가 스스로 세상의 흐름과 자신의 인생을 거울에 비추어 보면서 자신만의 행복론을 찾아 나가야 한다. 이런 나의 말에 누군가는 이렇게 반문할지도 모르겠다.

"그게 무슨 말인가요? 어느 시대에서나 사람은 스스로 자신의 행복론을 생각하지 않았나요?"

하지만 나는 그렇게 생각하지 않는다. 20세기형 성장 사회에서 인생을 살아 온 사람들은 그다지 진지하게 독자적인 행복론을 고민할 필요가 없었다. 이는 그 당시의 사회적인 현상으로 어쩔 수 없는 상황이었을지도 모른다. 그들은 정년퇴직할 즈음 주택 대출금이 남아 있어도 확실하게 받을 수 있는 퇴직금으로 갚아 버릴 수 있었다. 퇴직할 때까지 회사 인생으로 '한 번에 달성할 수 있는' 행복론이 있었다. 그런 행복론을 의심할 여지가 없었기에 정년까지는 회사와 함께하는 데 아무 문제가 없었다. 또한 정년 후에는 이를테면 귀농해서 한가한 전원생활을 영위하거나 때로는 국수를 만드는 취미에 열정을 쏟거나 교외에 펜션을 짓고 사업을 시작하는 등 '제2의 인생'을 계획할 수 있었다.

그런데 이제는 국가와 기업에서 그런 행복론을 보증할 능력이 없어지고 말았다. 개개인 각자가 자기만의 독자적인 행복론을 갖지 않으면 안 되는 시대가 된 것이다. 내가 이런 사실을 가장 처음 호소한 것은 1997년 12월에 발간한 《처생술》処生術이라는 책을 통해서였다. 나는 그 책에서 스스로 자기 인생에서 주인공이 되지 않으면 안 된다고 강력하게 주장한 바 있다. 그런데 20년 가까이 지난 지금도 그 본질을 이해하는 사람이 매우 적다. 어쩌면 많은 사람이 자기 자신만큼은 이러한 변화에 영향 받지 않고 행복할 수 있다고 생각하는지도 모르겠다.

자신의 행복론을 구축하기 위해서는 교양이 필요하다. 그런데 그런 교양은 학교에서도 결코 가르쳐 주지 않는다. 다시 말해 행복을 붙잡기 위한 축이 되는 교양을 '개개인 각자'가 스스로 획득해야 한다는 말이다. 그럴 경우 자연스럽게 독서를 빼놓을 수 없다는 사실에 도달하고 만다.

20세기형 성장 사회에서는 극단적으로 말하면, 행복을 붙잡기 위한 독서가 반드시 필요한 것은 아니었다. 나의 표현이 다소 지나치더라도 이해하길 바란다. 예전에는 일본 경제 소설의 선구자로 손꼽히는 시로야마 사부로城山三朗의 경제 소설을 읽고 회사라는 권력 구조를 이해하는 척하면 되었다. 혹은 현대 경영학을 창시한 학자로 평가받는 미국의 경영학자 피터 드러커의 《매니지먼트》Management를 대충 훑어보고 경영학을 아는 것처럼 말하면 되었다. 조금 더 지성을 갖춘 척하려면 진보주의적 철학자이자 문학 평론가인 요시모토 다카아키吉元隆明의 책을 읽고 그럴싸하게 포장해서 감상을 말할 수도 있었다.

얼마 전까지는 일본의 현대 지성으로 불리는 아사다 아키라浅田彰의 1983년에 간행된 《구조와 힘》構造と力이라는 책을 알고 있으면 되었다. 나 역시 읽어 보려고 사긴 했지만 솔직히 내용이 너무 난해해서 제대로 이해하지 못했다. 이런 책이 몇 십만 부나 팔린다는 얘기는 옆구리에 끼고 다니는 것만으로도 지성을 어필할 수 있기 때문이다. 즉 취미나 허세로 책을 읽는 사람이 있을 수는 있었지만, 자신의 행복론을 구축하기 위해 책을 읽는 사람은 적었다는 말이다. 하지만

지금은 개개인 각자가 행복론을 갖고 있지 않으면 행복해질 수 없는 시대다.

"행복에는 어떤 종류와 단계가 있을까?"

"어떻게 하면 그것을 얻을 수 있을까?"

"행복은 돈으로 살 수 있을까?"

"도대체 돈이 얼마나 있어야 행복해질까?"

"돈을 쓰는 게 아니라면 달리 어떤 방법이 있을까?"

"어떤 지위를 얻으면 행복해질까?" 또는 "행복은 지위나 명예와는 관계없을까?"

행복에 관한 이런 질문에 대해 학교 선생님은 어떤 대답을 할까? 부모는 이런 질문에 명쾌하게 대답할 수 있을까? 부모가 가르쳐 줄 수 있는 것은 그들이 살아 온 삶의 방법과 행동 방식이다.

그런데 그 부모들의 70퍼센트 정도는 그냥 가만히 있어도 행복해질 수 있는 시대를 살아 온 사람들이다. 설사 부모님과 선생님의 말씀대로 산다고 해도 잘살고 행복해질 거라는 보증은 거의 없다. 그들에게 성숙 사회는 경험하지 못한 미지의 세계이기 때문이다.

그렇다면 이제 우리들 각자가 스스로 열어 나가는 수밖에 없다. 정답은 하나다. 인생의 양식을 얻는 수단인 독서를 통해 교양을 기르는 것이다.

어떻게 개개인 각자의
행복론을 구축할 것인가

자신의 행복론을 구축하려면 세상을 어떻게 바라보고, 그에 대한 자신의 인생을 어떻게 바라볼 것인지 또한 중요해진다. '인생을 바라보는 방법'이란, 이른바 인생의 행복을 실현하기 위해 어떤 주제를 가지고 어떤 방향으로 나아갈 것인가 하는 것이다. 먼저 행복에 관한 자신만의 정의를 내려야 한다. 현재 자신이 어느 지점에 있으며, 어느 방향으로 갈 것인지, 어디까지 달성할 것인지 이 모든 것을 자신이 직접 결정해야 한다. 아무도 도와주지 않는다. 어쩌면 이 모든 과정은 실로 두려운 일이 아닐 수 없다.

성숙 사회는 개인이 뿔뿔이 흩어져 가는 것을 의미한다. 그와 더불어 지역사회의 영향력도 점점 쇠퇴하고 있다. 일본에는 원래 지역사회라는 커뮤니티가 뿌리 내리고 있었지만, 산업화로 인해 파괴되어 갔다. 그것을 대신하는 역할을 했던 것이 기업이라는 커뮤니티다. 하지만 성숙 사회에서는 그마저도 미국적인 글로벌리즘에 의해 사라져 가고 있다. 유럽을 중심으로 우리보다 빨리 성숙 사회를 맞이한 여러 나라들은 국가적 차원에서 종교를 중심으로 뿔뿔이 흩어져 있던 개인을 한데 모아 주었다. 일본처럼 기업이 그 역할을 담당하는 것이 아니라, 종교계가 교회라는 네트워크를 통해 커뮤니티를 구축해 나갔다.

그런데 일본의 경우, 태평양전쟁의 영향으로 유럽의 많은 나라와 같이 국가가 종교를 발동하지 못하게 되었다. 종교의 미정비로 인해 특히 젊은 세대가 이리저리 떠다니는 상황이다. 그렇다면 그들이 종교 대신 붙잡고 있는 것은 무엇일까? 바로 일본의 젊은 세대가 이상하리만큼 빠져들고 있는 휴대전화를 통한 소통이다.

이처럼 엄청난 속도로 SNS 문화가 왕성해진 이유는, 종교의 대체 기능으로 누군가와 이어져 있다는 기분을 느끼게 하는 측면이 컸으리라 본다. 종교가 기능하는 사회에서는 종교가 이야기를 만들고 행복이 무엇인지 가르친다. 하지만 일본처럼 종교가 제 기능을 하지 못하는 국가에서는 스스로 자신의 종교 또는 그 대체물로의 행복론을 가져야 한다. 그런데 여기서도 나름의 문제가 있다. 휴대전화나 SNS는 일시적으로 한정된 유대감을 느끼게 해주지만, 인간의 근본적인 행복론을 대신할 수는 없다는 점이다.

나는 누군가에게 정신적으로 의지하고 자신을 버리고 귀의할 수 있다면 그것대로 나쁘지 않다고 생각한다. 하지만 그렇지 않은 보통의 사람은 자신이 직접 책을 읽고 스스로 세계관을 구축해야만 행복론을 찾을 수 있다. 누구나 갖고 있는 공동의 환상을 좇는 '다 같이' 습관에 맞서려면 상당한 각오가 필요하다. 시대가 바뀔 때는(지금이 바로 그때라고 할 수 있다.) 마치 '다 같이'의 시대로 되돌아간 듯한 착각에 빠지기도 한다. 그것을 반동이라 부르는데, 성숙 사회가 더욱 진화하는 흐름을 바꿀 수는 없다.

이제 머지않아 누구에게나 결단이 필요한 상황이 찾아온다. 그렇게 되면 자신의 세계관과 인생관을 어떤 방향으로 이끌어 나가야 할지, 즉 무엇을 주제로 살아가야 할지 결정해야 한다. 그때가 되었을 때 책을 통해 얻은 정보나 지식의 받침이 없는 상태에서는 뭔가를 결정하고 결단을 내리기가 쉽지 않다. 물론 책을 읽는다고 해서 당장 그 세계관을 손에 넣을 수 있는 것은 아니다. 리크루트의 창업자 에조에 히로마사江副浩正는 "하나의 세계를 구축하려면 적어도 25년은 걸린다."고 말했다.

책을 읽는 사람과 그렇지 않은 사람으로
양분되는 계층 사회

　나는 앞으로 일본에서는 신분이나 권력이나 돈에 의한 '계급사회'가 아니라, 독서 습관이 있는 사람과 독서 습관이 없는 사람으로 양분되는 '계층 사회'가 생겨날 것으로 보고 있다. 그 뚜렷한 예로 2014년 12월 10일 NHK의 정보 프로그램 〈클로즈업 현대〉에서 독서에 관한 흥미로운 내용을 방송했는데, '확산되는 독서 제로, 일본인에게 무슨 일이?'라는 제목이었다. 내용이 조금 길어질 수도 있지만, 이 책의 주제와 겹치는 부분이 많으니 프로그램 내용을 살펴보자.

　프로그램은 일본 문화청이 발표한 독서에 관한 조사 결과를 언급하면서 시작되었다. 책을 한 달에 한 권도 안 읽는 사람이 47.5퍼센트로, 두 명 중에 한 명꼴로 책을 읽지 않게 되었다는 것이다. 나의 경험으로도 수긍이 가는 결과였다. 또 데이쿄帝京대학교의 학생을 대상으로 한 인터뷰에서 다음과 같이 대답하기도 했다.

　"인터넷에서 검색하는 편이 책을 읽는 것보다 정보를 훨씬 빨리 알아낼 수 있어서 독서할 시간이 거의 없어요."

　"스마트폰에도 실제로 많은 정보가 들어 있어서 그것을 보는 데

시간을 쏟고 있어요."

이것이 현재 젊은 세대의 실태다. 방송에서는 책을 읽지 않음으로써 나타나는 영향을 조사하기 위해 인간의 정보 탐색 행동을 연구하는 쓰쿠바筑波 대학교 도서관 정보 미디어계의 이쓰무라 히로시逸村 裕 교수와 함께 한 가지 실험을 진행했다. 실험은 리포트를 쓸 때 책을 읽는 사람과 안 읽는 사람 사이에 어떤 차이가 있는지 비교하는 것으로 과제는 다음과 같다.

'영어 조기 교육에 관한 논쟁에 포함해야 할 것으로 생각되는 토픽(사실이나 논의 등)을 조목별로 정리해서 당신의 논지와 의견을 A4 리포트 용지 1매 이내(1,500자 이내)로 서술하시오.'

참고 자료로 도서관에 있는 서적이나 인터넷을 자유롭게 사용해도 좋다는 조건도 붙었다. 실험에 참가한 학생은 총 여섯 명이었다. 그중 하루 독서 시간이 제로인 학생이 네 명, 30분인 학생이 한 명, 두 시간인 학생이 한 명이었다. 실험이 시작되자 모든 학생은 인터넷에서 '영어 조기 교육'이라는 키워드로 검색을 시작했다. 많은 학생이 놀라울 정도로 빠르게 필요한 정보를 취사선택했으며 인터넷 기사를 '복사하고 붙여넣기'하고 수정을 가해 리포트를 완성했다. 하지만 독서 시간이 두 시간이었던 학생만은 달랐다.

그는 찾아낸 인터넷 기사에서 참고 문헌으로 소개한 두 권의 책을 메모한 후 도서관으로 갔다. 거기서 먼저 책을 찾고 우연히 눈에 띈 주제와 관련이 있어 보이는 두 권의 책을 더 집어 들었다. 그 학생은 다음과 같이 말했다.

"인터넷의 경우는 키워드로 조사한 것밖에 찾을 수 없지만, 책은 검색으로는 연관성을 찾을 수 없는 것까지도 정보를 수집할 수 있었어요."

여기서 눈에 띄었던 점은 인터넷 검색만으로 완성한 리포트는 주제가 여러 갈래에 이르지만, 그에 대한 논리적 전개가 부족하고 여러 갈래로 퍼진 주제를 제대로 편집하지 못했다는 사실이다. 정보를 있는 대로 죄다 끌어 모아 나열했을 뿐, 논리적으로 설득력 있는 내용은 아니었다는 말이다. 게다가 자신만의 의견도 거의 없었다. 복사하고 붙여넣기하면서 인용한 몇 줄의 의견도 일부 유사했을 뿐, 논리 정연한 리포트라고 말하기에는 한계가 있었다. 오히려 감상이라고 말하는 편이 맞는 듯했다.

반대로 도서관에서 책을 빌린 학생은 주제를 잘 뽑아냈다. 스스로 가설을 세워 자신의 주장을 펼치고 있었다. 그 학생은 자료를 참고하긴 했지만, 조기 교육이 꼭 필요한 것은 아니며 어른이 되고 나서도 영어를 습득할 수 있다는 점을 주장하는 것으로 주목을 끌었다. 그는 책을 접함으로써 논리적인 사고를 하는 것은 물론, 나름의 논지를 전개해 나갔다고 생각한다.

나 역시 그간의 경험을 통해서도 '독서'와 '자기 나름의 의견' 사이에는 상관관계가 있다고 생각한다. 제3장에서 자세히 서술하겠지만, 나는 어느 시기까지 전혀 책을 읽지 않았었다. 그럼에도 대학을 졸업하고 입사한 리크루트에서 재미있는 기획안을 제시하고 그것을 효과적으로 프레젠테이션하는 등 실제로 많은 성과를 거두기도 했다.

하지만 세상에 대한 의견이나 인생에 대한 기준, 가치 등을 습득하지는 못했다. 마침내 그런 것이 생기기 시작한 것은 30대가 지나면서 마음먹고 독서를 시작해 읽은 책이 300권을 넘으면서부터였다. 새삼 느끼는 것은 독서를 통해 지식의 인풋을 축적해 나가지 않으면 자신의 의견이라는 것은 결코 생기지 않는다는 사실이다. 위의 방송에서는 중반부터 저널리스트 다치바나 다카시立花隆가 등장해 이렇게 말했다.

"인터넷만 이용하게 되면 아무래도 깊이 파고들 수가 없어요. 조금 더 심도 깊은 정보를 얻으려면 책이나 기타 다양한 수단을 통해 더욱 깊이 있고 체계적인 정보를 얻어 내는 노력이 반드시 필요합니다."

다치바나도 방송에서 말했듯이 스마트폰이나 인터넷이 그저 나쁘기만 하다는 것은 아니다. 인터넷은 어떻게 활용하느냐에 따라 책으로는 얻을 수 없는 여러 가지 유용한 정보를 얻을 수도 있다. 하지만 인터넷에서 얻은 정보만으로는 얕은 사고밖에 할 수 없다는 의견에는 나 역시 전적으로 동의한다. 깊게 논리적으로 사고하기 위해서는 절대 책을 빼놓을 수 없다.

◆ 제1장 ◆

책을 읽으면
어떤 이득이 있을까

책을 읽는 것만으로도
상위 10퍼센트의 인재가 될 수 있다

　나는 《후지하라 가즈히로의 반드시 먹히는 1퍼센트의 사람이 되는 방법》藤原和博の必ず食える1%の人になる方法이라는 책을 통해 돈 잘 버는 사람이 되고 싶다면 100명 중 한 명에 속하는 사람이 되라고 강조한 바 있다. 먼저 첫 단계로 '파친코를 하느냐 안 하느냐'에 대해서 이야기해 보자.

　물론 시간이 여유로운 학창 시절에 기분 전환 삼아 파친코 게임에 손을 댔던 정도라면 별다른 문제가 없다. 하지만 사회인이 되고 나서도 일상적으로 하고 있다면 도박 중독이거나 그 예비군이라고 보아도 무방하다. 금전적으로는 물론이고, 소통 능력 등의 지적 수준에도 악영향을 미치기 때문이다. 파친코를 하는 사람과 하지 않는 사람의 결정적인 차이는 무엇일까? 그것은 시간 관리에 대한 개념이 있느냐 없느냐를 들 수 있다. 파친코는 비생산적인 행위가 분명하다. 아무렇지 않게 비생산적인 행위에 시간을 낭비하는 사람에게 시간 관리 능력이 있을 리 만무하다.

20세기형 성장 사회에서는 시장이 알아서 스스로 커나간 덕분에 시간을 헛되이 써도 사회 전체의 이익에 대한 혜택을 받을 수 있었으므로 그다지 큰 문제가 되지 않았다. 하지만 21세기형 성숙 사회에서는 그런 콩고물이 쉽사리 떨어지지 않는다. 시간 관리를 못하는 사람은 시간당 창출하는 부가가치가 낮기 때문에 노동시장에서 가장 먼저 도태당하고 만다. 이런 관점에서 봤을 때 파친코를 하느냐 안 하느냐는 최소한의 기준으로, 파친코를 안 하는 것만으로도 두 명 중 한 명에 속하는 인재가 될 수 있다.

다음 단계로는 '휴대폰 게임을 하느냐 안 하느냐'를 생각해 볼 수 있다. 이 경우도 파친코와 마찬가지로 짬이 나서 심심풀이 삼아 하는 정도라면 문제가 없다. 하지만 매일같이 지하철에서든 집에서든 틈만 나면 게임을 한다면 휴대폰 게임 중독이거나 그 예비군이라고 할 수 있다. 이 역시 시간 관리의 문제다. 게임을 하는 동안은 거의 머리를 쓰지 않는다. 손가락의 반사 신경은 좋아질지 몰라도 그것 말고는 아무런 도움이 안 된다. 중독이거나 예비군에 속하는 사람은 현실에서 도피하기 위해 방대한 시간을 헛되이 쓰고 있을 뿐 아니라 일이나 공부, 수면 등에 할애해야 할 소중한 시간을 갉아먹고 있다는 사실조차 깨닫지 못하고 있다.

파친코도 안 하고 휴대폰 게임도 안 한다면 당신은 자동으로 네 명 중 한 명에 속하는 인재가 될 수 있다. 지금까지 설명한 두 가지 단계는 굳이 말할 필요도 없는 최소한의 수준이다. 그것만으로도 네 명 중 한 명에 속하는 인재가 될 수 있으니 얼마나 많은 사람이 시간 관리를 제대로 못하고 있는지 짐작할 수 있다. 이제 문제는 파친코나 휴대폰 게임에 낭비하지 않는 그 시간을 어디에 쓸 것이냐 하는 것이다. 그것이 제3단계의 조건인 '독서를 하느냐 안 하느냐'라는 관점이다.

여기서 다시 한 번 강조하고 싶은 점은 21세기형 성숙 사회에서는 교양이 중요하다는 사실이다. 그런데 교양은 독서를 하지 않고서는 절대 얻을 수 없다. 그리고 무엇보다 중요한 것은 파친코과 휴대폰 게임도 안 하고 책을 읽는 것만으로 '여덟 명 중 한 명에 속하는 인재가 될 수 있다'는 점이다.

여덟 명 중 한 명이라고 하면 대략 '열 명 중 한 명'에 해당하는 인재가 될 수 있다는 얘기가 된다. 그런 의미에서 독서를 통해 교양을 익히느냐 마느냐는 상위 10퍼센트의 계층에 속할 수 있느냐 아니냐를 결정짓는 요인이 된다.

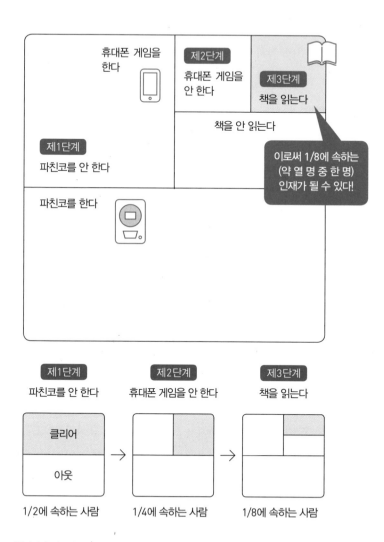

《후지하라 가즈히로의 반드시 먹히는 1퍼센트의 사람이 되는 방법》의 그림을 토대로 작성

책을 읽느냐 안 읽느냐에 따라
수입이 달라진다

여러분은 자신이 한 시간에 얼마를 '버는 힘'을 가졌는지 생각해 본 적이 있는가? NPO 법인에서 일하거나 봉사활동을 하는 경우를 제외하면, 시간당 보수가 가장 낮은 직종은 음식점이나 편의점 등의 아르바이트(시간제 일거리)일 것이다. 지역에 따라 최저임금이 다르므로 일률적으로 말하기는 어렵지만, 일본에서는 평균적으로 대략 800~1,000엔 정도다. 그리고 이보다 약간 높은 수준으로 이른바 비정규직 노동자층이 자리 잡고 있다.

또한 나이에 따라 폭이 넓어지지만, 정규직 회사원이나 공무원 연봉을 연간 총 노동시간으로 나누어 시급으로 환산해 본다면 대략 2,000~5,000엔 사이가 된다. 과장이나 부장 등의 관리직이 되면 수입이 늘기는 해도 회사에 있는 시간 외에 접대를 하는 등 실질적인 노동시간이 길어진다. 따라서 시급이 이 범위를 크게 넘지 못한다고 할 수 있다.

그리고 그 위 단계에 기업에 고용되지 않은 전문가가 있다. 예를 들면 인기 있는 변호사급이 3만 엔 정도, 대형 외국계 컨설팅 회사인 맥킨지앤드컴퍼니McKinsey&Company의 시니어 컨설턴트가 8만 엔 정도다. 그러고 보니 일본인의 일반적인 시급은 프리터(자유free와 아르바이터arbeiter를 합성한 신조어로 일본에서 1987년 처음 사용됐으며, 15~34세의 남녀 중 시간제 일거리로 생활을 유지하는 사람을 가리킨다. — 옮긴이) 가 받는 800엔에서부터 맥킨지의 시니어 컨설턴트가 받는 8만 엔에 이르기까지 100배 범위 안에서 형성되고 있다.

나는 시간당 보수가 1만 엔을 넘는다는 점에서 자신을 '전문가'에 속한다고 생각한다. 그리고 경험상 변호사, 컨설턴트, 의사 등 전문직에 종사하면서 책을 안 읽는 사람을 지금까지 만나 본 적이 없다. 그도 그럴 것이 지식과 정보는 항상 변화하기 때문에 끊임없이 최신 정보를 습득해야만 고객의 기대에 부응할 수 있기 때문이다.

그런 의미에서 시급 800엔을 받는 프리터에게는 그다지 큰 기대를 하지 않는다고 볼 수 있다. 물론 직업에 귀천이 있다고 생각하지 않으며, 또 급여는 인격과는 별도의 문제임이 분명하다. 또한 순수하게 일과 보수라는 관점에서 볼 때 그들은 매뉴얼 이외의 책을 읽을 필요가 없을지도 모르겠다. 하지만 시급 2,000~5,000엔을 받는 회사원이나 공무원이라면 또 다르다.

책을 읽느냐 안 읽느냐에 따라 보수의 우열이 가려진다. 책을 읽고 전문가의 보수 수준에 가까워질 것이냐, 책을 읽지 않고 프리터의 보수 수준에 가까워질 것이냐 하는 갈림길에 서기 때문이다. 한편 다양한 업무 중에서 시간당 보수의 효율이 가장 높은 것은 강연이다. 빌 클린턴와 같은 역대 미국 대통령이라면 1회 강연으로 수천만 엔을 벌 수 있다. 대통령이나 수상과 같은 이력을 가진 사람이 아니어도 강연은 경제적인 효율이 매우 높다. 일본의 유명 인사 가운데 시간당 100만 엔 정도의 강연료를 받는 사람도 있다. 예를 들어 미야모토 데루宮本輝와 같은 일류 소설가나 저널리스트를 섭외하려면 100만 엔 전후의 비용이 든다는 애기를 들은 적이 있다.

시간당 창출하는 가치에서 보면 일본 내에서도 가장 낮은 수준인 프리터의 약 1,000배에 이르고, 시급에서 최상위인 시니어 컨설턴트와도 10배의 차이가 난다. 강연으로 돈을 버는 사람의 시급에 견줄 만한 직업은 아마 없을 것이다. 다양한 분야에서 '일류 전문가'로 불리는 사람은 말하는 것만으로 시간당 100만 엔을 번다. 여기서 잠시 짚고 넘어갈 것이 있다.

여러분은 그 이유를 무엇이라고 생각하는가? 그들이 그만큼의 고소득을 올릴 수 있었던 밑바탕에는 청중을 만족시키는 지식이 존재한다. 그들은 그 지식을 얻기 위해 분명 많은 책을 읽을 것이다. 물론 청중이 기대하는 것은 강연자가 책을 통해 얻은 지식이 아니라 누구한테서도 들어 본 적 없는 그 사람만의 경험이 녹아들어 있는 다양한 체험담일 것이다.

그렇다고 모든 인간이 삶의 모든 것을 체험할 수는 없다. 예를 들어 사쿠라이 요시코櫻井よしこ가 강연에서 일본의 영토 문제를 언급했다고 치자. 센카쿠제도尖閣諸島나 독도 또는 북방영토 등 화제가

경험＋독서(지식)를 통해
이 영역으로 들어간다!

| 100만 엔 | 일류에 속하는 사람의 강연 |

| 100만 엔 | 맥킨지의 시니어 컨설턴트 |

| 100만 엔 | 변호사 |

여기서부터 전문가

| 3,000~5,000엔 | 회사원 |

| 2,000엔 | IT 계열 비상근직 |

| 800엔 | 아르바이트 |

되는 모든 장소를 일일이 찾아가 직접 모든 것을 체험하고 강연하는 것은 불가능하다. 그렇다면 자료를 읽거나 신뢰할 수 있는 사람의 책이나 논문을 읽거나 믿을 만한 네트워크를 통해 정보를 얻고 거기에 자신의 체험과 생각을 보태서 말했을 것이다. 즉 한 시간당 창출하는 부가가치의 총량을 올리기 위해서는 독서를 빼놓을 수 없다는 말이 아니겠는가.

살아가는 동안 접해야 할
네 가지 분야

하루 24시간 중에서 잠자는 시간을 8시간이라고 가정하면 깨어 있는 생활시간은 16시간이라는 계산이 나온다. 그것을 토대로 1년간의 생활시간을 계산하면 16시간 곱하기 365일로 5,840시간이 된다. 가끔 밤샘하는 사람이나 수면 시간이 더 짧은 사람도 있을 테니 대략 6,000시간이라고 하자. 서른 살 전후의 사람이 건강하게 오래 산다고 가정했을 때 남은 인생은 대략 50년 정도로 볼 수 있다. 50년에 1년의 생활시간인 6,000시간을 곱하면 그 사람의 남은 생활시간은 30만 시간이 된다. 그 한정된 30만 시간에 어떠한 인풋을 하고 어떠한 아웃풋을 해나갈 것인가. 인생을 산다는 것은 바로 그런 것이다.

정보의 인풋에 대해서는 다음의 매트릭스로 설명하면 이해하기 쉽다.

하나의 축은 개인적인 체험과 조직적인 체험이고, 또 하나의 축은 미디어를 통한 체험과 사실적인 체험이다. 이 네 가지 분야의 모든 체험을 통해 인간은 거의 모든 정보를 인풋하고 있다. 조직적인 체험이자 미디어를 통한 체험에 해당하는 것으로는 TV, 신문, 그 밖의 대중매체, 광고 등을 들 수 있다.

조직적인 체험이자 사실적인 체험에 해당하는 것은 학교, 회사, 가족 등이다. 한편 개인적인 체험이자 미디어를 통한 체험은 바로 독서와 인터넷이다. 또한 개인적인 체험이자 사실적인 체험의 경우는 놀이, 일, 여행 등을 통한 사람과의 만남이나 자신이 직접 체험하는 여러 가지 일을 말한다.

우리는 인생에서 이 네 분야 중 어디엔가 포함되는 체험을 한다. 문제는 어떤 분야에 어느 정도의 시간을 할애하느냐 하는 점이다. 인간에게 가장 강렬한 임팩트를 주는 것은 개인적이고 사실적인 체험이다. 인생의 남은 30만 시간 중 이 부분에 얼마만큼 시간을 할애하느냐에 따라 체험을 통해서 얻을 수 있는 학습의 질이 결정된다고 해도 과언이 아니다.

반대로 사실적인 체험이라고는 하나 조직적인 체험으로 분류되

살아가는 동안 접해야 할 네 가지 분야

개인적인 체험

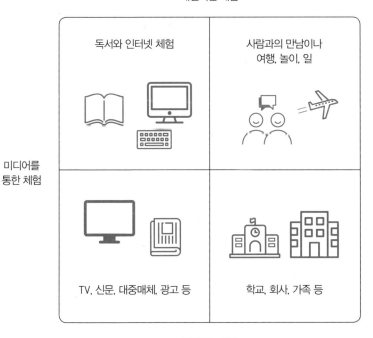

독서와 인터넷 체험

사람과의 만남이나
여행, 놀이, 일

미디어를
통한 체험

사실적인
체험

TV, 신문, 대중매체, 광고 등

학교, 회사, 가족 등

조직적인 체험

는 학교나 회사, 가족을 통한 인풋에 대해서는 아무래도 수동적인 요소가 강해진다. 학교나 회사는 강력한 시스템 구조를 지닌 조직이 므로 개인은 싫든 좋든 그 영향을 받는다. 또 현대를 사는 우리가 미 디어를 통한 체험에서 벗어나기는 상당히 어렵다. 특히 조직적인 체 험에 속하는 TV, 신문을 중심으로 한 대중매체나 광고 캠페인의 영 향을 받기가 쉽다. 이런 조직적인 체험의 시간이 많아지면 사람은 어떠한 사고회로를 갖게 될까.

현실 세계에서 학교나 회사 시스템의 흐름을 따르고, 사실적인 미 디어 체험에서도 매스컴이나 광고의 영향을 받다 보면 그 시스템의 상식이나 전례를 의심하거나 매스컴이나 광고 캠페인이 만들어 내 는 분위기에 대해 다면적으로 사고하는 것이 어려워진다. 이를테면 TV에 출연하는 해설가의 의견을 여러분 자신의 의견으로 착각하기 쉽다는 말이다.

그렇다면 오른쪽만을 보여주었을 때 '왼쪽에서는 어떻게 보일 까?'라거나 겉만 번드르르한 말을 했을 때 '속을 들여다보면 그렇지 만도 않다'고 하는 복안 사고複眼 思考(다각적으로 사고하는 것을 말하며 크리티컬 싱킹이라고도 한다.—옮긴이)를 하는 습관이 안 생긴다. 이에 대한 자세한 내용은 앞으로 설명하겠다.

세상에 유포되는 정보를 무조건 받아들이고 마치 그것이 유일한 정답인 양 믿어 버리는데, 그것은 위험한 조짐이다. 21세기형 성숙 사회를 살아가기 위해서는 '제대로 의심하는 기술'이 필요하다. 그런 정보에 휘둘리지 않으려면 개인적인 체험을 할 기회를 가능한 한 많이 갖는 방법밖에 없다. 게다가 사실적인 체험만큼 더 좋은 것은 없다. 하지만 앞서 살펴봤듯이 인생에서 시간은 제한적일 수밖에 없다. 자신이 원하는 모든 것을 체험하기란 불가능하다. 이런 상황에서 책은 저자의 경험을 통해 개인적이고 사실적인 체험을 맛볼 수 있는 가장 효과적인 수단이다.

독서를 통해 상상하는 힘이
길러진다

서장에 소개한 '확산하는 독서 제로, 일본인에게 무슨 일이?'를 주제로 다룬 NHK 〈클로즈업 현대〉 방송에서는 독서가 뇌에 미치는 영향을 연구하는 도쿄대학대학원 종합문화연구과의 사카이 구니요시酒井邦喜 교수가 등장한다.

과학적인 시점에서 독서의 효능에 대해 정리해서 설명하고 있으므로 방송 내용과 사카이 교수가 쓴 《뇌를 만드는 독서》脳を創る読書를 살펴보면서 생각해 보고자 한다.

"책을 읽는 행위는 결코 정보를 얻기 위해서 하는 것이 아니라, 오히려 자기 내부에서 어느 정도 끌어 낼 수 있느냐를 점검하는 행위다."_방송 내용에서 발췌

사카이 교수는 책을 읽고 있을 때 뇌는 다른 활동을 할 때와는 다른 작용을 한다고 지적한다. 방송에서는 그런 예로 설국의 정경을 내레이션을 포함한 TV 영상과 문장을 통해 비교했다. TV 영상은 시신경을 통해 후두엽의 '시각야'에서 포착한다. 동시에 내레이션은 청각 신경을 통해 측두엽에 있는 '청각야'에서 포착한다. 청각야에서 포착한 말은 몇 가지 '언어야'言語野로 보내진다. 사카이 교수에 따르면 뇌의 언어야는 네 개 영역으로 나뉜다고 한다. 그 장소를 나타낸 것이 다음 그림의 '언어 지도'이다.

"좌뇌 후방에는 음운(악센트 등)을 다루는 영역과 단어의 의미에 관계하는 영역이 있다. 좌뇌 전방에는 한층 문법을 관장하는 영역과 문장의 독해에 필요한 영역이 있다. 후방의 두 개 영역은 언어야 입력을 수취하는 역할도 겸하고 있으며, 문법 영역은 이해뿐 아니라 발화 시에도 기능한다."
_《뇌를 만드는 독서》에서 발췌

좌뇌

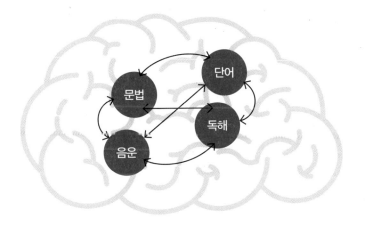

좌뇌 후방에는 음운(악센트 등)을 다루는 영역과
단어의 의미에 관한 영역이 있다.
좌뇌 전방에는 한층 문법을 관장하는 영역과
문장의 독해에 필요한 영역이 있다.
_《뇌를 만드는 독서》에서 발췌

시각야에서 포착한 영상과 언어야에서 이해한 언어를 토대로 뇌는 장면의 의미를 이해한다. 하지만 TV 화면에서는 잇달아 새로운 정보를 보내오기 때문에 뇌는 그 정보를 이해하는 것만으로도 힘이 부친다. 결국 뇌는 표층만을 이해하는 것에 그치고 만다.

한편, 독서의 경우는 어떨까.

가와바타 야스나리川端康成가 쓴《설국》雪国의 첫머리 '국경의 긴 터널을 빠져나오자 눈의 고장이었다'라는 문장을 읽었다고 하자. 활자는 제일 먼저 시신경에서 포착되어 뇌의 시각야로 들어간다. 거기서부터 다음과 같은 루트를 거쳐 의미를 이해한다고 사카이 교수는 말한다.

"소리 내지 않고 읽을 때도 음성화할 수 있는 활자는 일단 뇌 안에서 '소리'로 바뀌어 기억과의 대조를 통해 자동으로 단어나 문법 요소를 검색한다. 검색된 정보는 한층 단어의 의미나 문장을 만드는 문법을 분석하기 위해 다른 '언어야'로 보내진다. 거기서 비로소 '읽는다'고 하는 행위가 확실하게 언어와 연결되는 것이다." _《뇌를 만드는 독서》에서 발췌

이때 설국의 정경이나 등장인물에 대해 상상력을 발휘할 수 있도록 뇌의 시각야가 움직이기 시작한다고 한다. 시각야에 축적된 과거

의 영상을 끄집어내 뇌 안에서 장면의 이미지를 만들어 낸다. 사카이 교수는 이러한 고리가 '상상력'을 기르는 것으로 이어진다고 지적한다.

"책을 읽는 행위에는 언어뿐 아니라 시각적으로 영상을 머릿속에 떠올리거나 과거의 체험에 비추어 생각한다. 나아가 스스로 얻어 낸 정보를 토대로 한층 자신의 생각을 구축하는 프로세스가 진행되므로 인간이 지닌 창조적인 뇌력이 100퍼센트 활성화된다고 생각합니다."_방송에서 발췌

오늘날은 영상의 시대다. TV도, 디지털카메라도, 스마트폰도 높은 해상도가 기본이 되고 있다. 영상을 감상하거나 영화를 즐기고 사진을 볼 때에도 당연히 해상도가 높으면 높을수록 좋기 마련이다. 하지만 인간의 뇌가 어떻게 작용하는가 하는 측면에서 보면 이야기가 달라진다. 해상도가 높은 것을 볼수록 인간의 상상력은 점차 기능이 떨어지기 때문이다. 모든 것이 세세하게 다 보이면 상상할 필요가 전혀 없다는 말이다.

TV나 스마트폰으로 동영상을 볼 기회가 늘어날수록 그러한 경향은 더욱 강해진다. 뇌의 작용에 관한 사카이 교수의 설명에서도 알수 있듯이, 잇달아 끊임없이 시각에 들어오는 영상을 처리하는 데

급급한 나머지 영상을 보면서 상상력을 발휘할 틈이 없다. 따라서 자연히 TV나 동영상을 만드는 측에서도 보는 이들의 상상력을 자극할 만한 것을 별로 안 만들게 된다.

이러한 TV의 특징을 캐나다 출신의 미디어 학자이자 문화비평가인 마셜 매클루언Herbert Marshall McLuhan은 '쿨미디어'라고 불렀다. 우리가 일상생활에서 받아들이는 정보량의 70퍼센트 이상이 시각을 통한 정보라는 연구 결과가 있다. TV가 시각에 호소하여 현실에 가까운 것을 보여주면 시청자는 쿨하게 이해하기 쉽다는 얘기다.

이에 반해 라디오는 목소리와 소리밖에 들리지 않는 미디어로, 제한된 정보밖에 주어지지 않으므로 듣는 사람은 상상력을 많이 긁어모을 수 있다. 그와 더불어 감정이 자극되고 점점 뜨거워지게 된다. 그래서 매클루언은 라디오를 가리켜 '핫미디어'라고 불렀다. 그러고 보면 독서는 라디오와 마찬가지로 언어에 의지해 상상력을 불러일으키는 미디어라고 할 수 있다.

또한 독서는 수동적으로 인풋하는 라디오와 달리 정보를 얻기 위해 능동적으로 움직여야 한다. '액티브 러닝'(주체적인 학습)에 적합한 미디어인 것이다. 영상 시대를 살아가는 사람들에게는 모순으로 들릴 수도 있을지 모르겠지만, 상상력을 기르기 위해서는 독서가 반드시 필요하다. TV 프로그램을 만드는 구성 작가나 연출가가 모두 하나같이 독서가라는 점이 그러한 사실을 증명한다.

독서를 통해 익히는
인생에서 중요한 두 가지 힘

자신이 하고자 하는 일을 실현하기 위해서는 독서가 정말 중요하다. 그 독서를 통해 우리는 살아가는 데 정말 필요한 두 가지 힘을 익힐 수 있다. 그것은 '집중력'과 '균형 감각'이다. 이 두 가지 자질은 가능하면 고등학생 때까지는 갖추는 것이 좋지만, 그렇지 못할 경우 나이가 더 들기 전에 하루라도 빠를수록 좋다. 그래야 남은 인생에서 찾아오는 기회를 잡을 수 있는 가능성이 그만큼 커지기 때문이다.

먼저 '집중력'에 대해 생각해 보자. 나는 재능이 풍부한 사람이나 유능한 회사원을 셀 수 없을 정도로 많이 만나 봤다. 어떤 분야에서 성공한 사람이나 남과 다른 독특한 아이디어로 이목을 집중시키는 사람은 예외 없이 집중력이 높았다. 그런데 집중력은 수험 공부를 포함해 매일매일 꾸준히 하는 공부를 통해서 익힐 수 있다. 제한된 시간 속에서 일정량의 지식을 기억하거나 다양한 문제를 푸는 것은 집중력을 단련하는 효과적인 방법임이 분명하다. 무엇을 위해 공부하느냐는 질문에 대한 해답의 하나이기도 하다.

물론 공부 말고도 집중력을 단련할 수 있는 기회나 수단은 있다. 과외도 학원도 없는 작은 시골 학교를 10년 연속 학력 평가 1위로 만든 교육계의 살아 있는 전설 가게야마 히데오陰山英男 선생이 개발한 100칸 계산을 풀거나 피아노 연주를 하거나 축구 연습을 하는 것도 좋다. 이를 통해 직접적으로 계산 능력을 높이거나 리듬감을 기르거나 운동 능력을 키우지 못해도 상관없다. 때로는 그런 연습을 통해 그 분야의 재능을 꽃피우는 경우도 있겠지만, 진짜 목적은 무언가 한 가지 일에 집중하는 습관을 기르기 위함이다.

그리고 또 하나, 집중력을 기르는 효과적인 수단으로 독서를 들 수 있다. 시간이 가는 것을 잊을 만큼 또는 남의 말이 귀에 안 들어올 만큼 무아지경에 빠져 책에 몰두했던 경험이 누구에게나 있을 것이다. 이처럼 독서를 즐기다 보면 어느 사이엔가 집중력이 단련된다. 그렇다면 또 하나의 힘인 '균형 감각'이란 무엇일까?

우리는 주변 사람을 칭찬할 때 곧잘 균형 감각이라는 말을 쓰지만, 이 단어의 뜻을 정확하게 파악하는 사람이 얼마나 될까? 균형 감각에 대한 내 나름의 정의는 이렇다. 여기서 말하는 균형 감각이란 자신과 지면(지구), 자신과 가족, 자신과 타인 등 세상 전체와 자신이 얼마나 적절한 거리감을 유지할 수 있는지의 능력을 말한다.

요즘 아이들을 보면 제대로 균형이 잡히지 않은 것처럼 보일 때가 많다. 그런데 그런 현상이 20대에서 30대 사이의 젊은이들에게도 퍼지고 있다. 예를 들면 자신과 지면의 관계만 봐도 그렇다. 넘어질 때 바닥에 손을 짚지 못해 얼굴부터 떨어져 코뼈가 부러지는 아이, 축구

공을 찰 때 힘을 제대로 조절하지 못해 뼈가 부러지는 아이들이 그렇다. 내 말이 우스갯소리로 들릴지도 모르겠지만, 내가 실제로 교육 현장에 있으면서 심심찮게 볼 수 있었던 사례들이다.

우리의 생활환경은 빠르게 변하고 있다. 콘크리트로 메워진 도시에서 아이들이 안심하고 놀 수 있는 흙이나 잔디가 깔린 공원이 점점 줄어들고 있다. 자연히 걱정이 많은 부모는 아이가 넘어져서 다칠까 봐 한시도 손을 놓지 못한다. 이렇게 아이들이 넘어질 수 있는 기회마저 극단적으로 줄어들면서 주변 사물과 자신과의 적절한 거리감을 몸으로 부대끼며 경험하지 못하고 있다.

아이들이 많은 것을 배우러 다니느라 시간에 쫓겨 뛰어놀 기회가 줄어든 것도 또 다른 원인이라고 생각한다. 하지만 그보다 훨씬 더 큰 원흉은 바로 TV나 게임이다. 대부분의 아이들이 집에서도 TV나 게임에 빠져 지내는 것은 물론, 밖에 나가 친구들을 만나도 스마트폰이나 게임기기의 화면만 쳐다본다. 요즘 아이들은 밖에 나가 이리저리 뛰어다니면서 숨바꼭질을 하거나 소꿉놀이를 하려고 하지 않는다.

균형 감각은 TV나 게임으로는 절대 길러질 수 없다. 나는 균형 감각이 몸을 사용하는 놀이를 통해 비로소 몸에 배는 것이라 생각한다. 다케오시武雄市의 교육개혁사업을 함께 추진했던, 유아에서 초등학생 대상의 교육에 전념하고 있는 '하나마루 학습회'의 대표 다카하마 마사노부高濱正伸도 나와 같은 생각을 피력했다. 그 역시 아이들이 바깥 놀이나 여름 캠프에서 몸을 쓰는 도전이 매우 중요하다고 강조했다.

아이들은 몸을 쓰는 놀이를 하지 않으면 뛰어내려도 다치지 않을 안전한 높이가 어느 정도인지, 위험한 높이가 어느 정도인지 판단할 수 있는 자신만의 기준을 익힐 수 없다. 모래판에서 뛰어놀거나 들판에서 씨름이나 레슬링을 하면서 놀았던 경험을 통해 자연스럽게 넘어지면서 몸을 보호하는 방법을 기억할 수 있다. 자신이 어느 정도의 힘으로 던져지면 위험한지 판단할 수 있는 감각이 저절로 몸에 배는 것이다.

자연을 포함한 주변 사물과의 관계성이 결여될 경우, 이는 대인관계에도 큰 영향을 미친다. 바꿔 말하면 주변 사물과의 공간적 감각이 인간관계에서의 거리감에도 밀접한 관련이 있다는 말이다. 자녀가 초등학교 고학년이나 중학생이 되면 스마트폰을 선물로 주는 가정이 많다. 그 연령대의 아이들에게 스마트폰을 주면 단번에 거기에 푹 빠져 하루에 몇 시간이고 게임을 하고 각종 SNS로 수백 통의 문자를 교환하는 경우가 적지 않다.

때로는 왠지 허전하고 심심하다는 이유만으로도 끊임없이 휴대폰을 만지작거린다. 이때 조금이라도 SNS로 소통하는 그룹에 끼지 못하면 친구라고 믿었던 상대로부터 인신공격을 당하기도 한다. 때로는 아무런 이유도 없이 주변 친구들로부터 공격을 받기도 한다. 아이는 자신이 그렇게 될까 두려워서 끊임없이 휴대폰을 손에서 놓지 못하고 SNS에 매달린다. 아이들은 약간 사이가 좋아지면 지나치게 가까워지거나 반대로 조금이라도 관계가 뜸하면 따돌림을 당하기도 한다.

0 아니면 1, 흰색 아니면 검정, ○ 아니면 ×인 것이다. 미묘한 틈이나 어중간한 거리감과 같은 애매한 상태는 없어지고 극단적인 양자택일의 인간관계밖에 성립하지 않는다. 공부나 독서를 통해서 얻은 집중력도 균형 감각이 없으면 극단적인 방향으로 치닫게 되는 원인이 될 수 있다. 그런 의미에서 나는 열 살 정도까지는 자유로운 놀이를 통해 균형 감각을 익히는 환경이 중요하다고 생각한다.

그렇다고 열 살이 넘으면 균형 감각을 키우지 못한다는 말은 아니다. 균형 감각은 열 살이 지나서도 독서를 통해 얻을 수 있다. 무엇보다 독서는 자신의 세계관을 넓히는 데 큰 도움이 된다. 또한 독서를 통해 다른 사람이 체험하거나 습득한 지식을 내 것으로 만들 수 있으며 자신의 내적 세계관을 넓히는 데 이용되기도 한다.

세계관이 넓어지면 당연히 다양한 관점에서 사물이나 타인을 볼 수 있다. 이렇게 다양한 시점을 가지게 되면 균형 감각이 향상되고 더불어 인격적으로 타인에 대한 포용력이나 관용의 기초도 다질 수 있다.

독서를 통해
세상을 살아가는 힘을 배운다

나는 2003년부터 2008년까지 5년간 스기나미 구립 와다 중학교杉並区立和田中学校에서 교장을 역임했다. 도내 공립중학교에서는 첫 민간인 교장이기도 해서 예상했던 것 이상으로 세간의 이목을 끌었던 모양이다. 나는 교장에 재임하는 중에도 여러 가지 새로운 기획을 시도했는데, 대표적인 것이 '세상살이' 수업이라는 과목의 신설이었다.

문부과학성이 2015년부터 주력하기 시작한 '액티브 러닝'(지식을 그저 주입하는 것이 아니라 아이들의 주체적인 학습을 촉구하여 사고력, 판단력, 표현력을 단련함으로써 자신의 의견을 말할 수 있게 하는 수업 방법)의 본보기라고 할 수 있다. 세상살이 수업은 지금까지의 상식이나 전례에 의문을 품고, 복안 사고를 할 수 있는 힘을 키워 주기 위해 개발되었다. 주변의 일상적인 사례를 통해 세상과 인간의 관계에 대해 고찰하는 힘을 넓히는 것이 가장 큰 목적이다.

한 가지 주제와 관련해 지식과 경험이 있는 지역 어른들을 교실로 초청해서 진행하는 수업으로, 그들이 아이들에게 질문하고 모두함께 의견을 주고받으면서 사고력을 확장해 나가는 형식이다. 예를들면 "햄버거 가게를 어디에 내면 대박이 날까?" "안락사에 대해 어떻게 생각하는가?" 등등이다. 다소 어려울 수 있는 내용부터 엉뚱한 내용까지 다양한 주제가 뒤섞여 여러 갈래로 나뉘었다.

이렇게 활발한 토론이 오가다 보면 아이들은 자연스럽게 사고력이 확장되는 경험을 할 수 있다. 이런 토론에서 정답은 없다. 그렇기 때문에 성숙 사회에 들어선 지금이야말로 이런 토론식 수업을 시도해 볼 만한 가치가 있다고 생각한다. 딱히 정답이 없는 문제를 두고 서로의 의견을 듣고 정보를 모으고, 자기 나름의 생각을 발표하고 토론함으로써 아이들은 다른 사람이 어떻게 생각하는지, 자신의 생각은 어떠한지 알 수 있다.

이때 다양한 사고를 수용하면서 시행착오를 거쳐 자신의 의견을 발전시켜 나가는 과정이 중요하다. 가령 '자살이 옳으냐, 그르냐?'라는 주제로 토론한다고 가정해 보자. 여러분은 자살을 도덕적으로 멈추게 할 수 있는 방법에 대해 생각해 본 적이 있는가? 결론부터 말하면 이것은 불가능하다. 왜냐하면 자살을 도덕적으로 나쁘다고 말하려면 자살한 사람은 나쁘다고 단정해야 하기 때문이다.

일본에서는 연간 약 3만 명의 사람이 스스로 목숨을 끊고 있으며 자살하는 이유는 천차만별이다. 타인을 의심할 줄 모르는 착한 심성 때문에 나쁜 사람에게 속아 넘어가 사기를 당해서 자살했을 경우 그 사람을 나쁘다고 단정 지을 수는 없다. 또 순간의 잘못된 판단으로 스스로 목숨을 끊은 사람을 나쁘다고 말할 수 있을까? 하물며 초등학생에서 고등학생까지의 청소년 자살도 끊이지 않는다. 인생 경험이 적은 그들을 무조건 나쁘다고 단정할 수 있을까? 자살을 줄이려면 자살을 터부시하기보다 밖으로 드러내서 논의하는 것이 현명한 방법일 것이다.

"내 목숨을 내 맘대로 하겠다는데 무슨 상관이냐?"

"그건 잘못된 생각이다. 아버지와 어머니, 할아버지와 할머니 그전 몇 세대만 거슬러 올라가도 세상 사람은 모두 가족일 수 있다. 우리는 모두 이어져 있는 존재이기 때문에 자신이 괴롭고 힘들다고 해서 멋대로 관계를 끊어서는 안 된다고 생각한다."

아이들은 감정이나 선입관에 따라 쉽게 결론을 내리기보다 양극단의 시점을 다각적으로 살펴보고 생각하고 나서 자신의 의견을 제시한다. 그것이 세상살이 수업의 특징이다. 베이비박스 문제도 세상살이 수업에서 다루기 좋은 주제 가운데 하나였다.

현실적으로 저출산 문제가 심각한 상황이지만 한편에서는 아이를 버리는 부모가 있다. 그 과정에서 불행하게 아이들이 목숨을 잃기도 한다. 그렇게 버려지는 아이들을 돕기 위해 구마모토熊本에서 운영하는 베이비박스 시설이 전국적으로 필요하다는 의견이 힘을 얻고 있다. 그런데 그렇게 반드시 필요한 시설이라면, 왜 모든 자치단체에서 베이비박스를 설치하지 않는 것일까? 6년 동안 상담 창구에 전화한 사람의 약 80퍼센트가 지역민이 아니라는 점에서도 전국적으로 '필요성'이 있다는 것을 알 수 있다. 따라서 전국적으로 설치해야 한다는 의견도 있을 법하다.

그렇지만 한편으로 베이비박스의 부작용을 우려하는 의견도 있다. 베이비박스가 가까운 곳에 있으면 쉽게 아기를 버리는 사람이 있을지도 모른다는 생각이다. 이런 의견은 어느 쪽이 옳고, 어느 쪽이 틀렸다고 말할 수 없다. 여기서 중요한 것은 그런 의견 속에서 자신만의 생각을 찾는 일이다. 자살이나 베이비박스에 관한 문제뿐만 아니라, 원자력발전소에 관한 논쟁, 자위대의 역할 등 세상에는 단순히 이것이 옳다, 저것이 나쁘다고 결정할 수 없는 문제가 많다. 옳은지 그른지, 바른지 바르지 않은지 등 양쪽의 의견을 들어보고 고민하는 과정을 거쳐 자신의 생각과 세계관을 정립해 나갈 필요가 있다.

그러한 문제에 대해 생각하며 자신만의 생각을 구축해 나가기 위해서는 책을 읽는 것이 무엇보다 중요하다. 즉 책을 안 읽는 사람은 현재 논의 중인 문제에 대한 정보만 가지고 우왕좌왕할 뿐이다. 사물이나 사건을 바라보는 시야가 좁아서 복안적인 시각을 갖지 못한 채 쉽게 안이한 판단을 할 수도 있다. 수박 겉핥기만 해서는 수준이 낮은 사람이 될 위험성도 있다. 독서를 통해 인생이라는 커다란 숲을 한눈에 바라볼 수 있는 힘을 갖추게 된다면 논리적인 토론과 판단이 가능해질 것이다.

독서를 하면
인생의 단계가 올라간다

과거 한 아이가 왕따를 당하다 견디지 못하고 자살한 사건이 발생했을 때 민간 출신의 중학교 교장이라는 이유로 한 아침 정보 TV 프로그램에 초대 받은 적이 있다. 방송 중에 "만일 따돌림을 당했을 때는 어떻게 대처하면 좋을까요?" 하는 질문에 대해 나는 다음과 같이 대답했다.

"어른들이 따돌림이나 자살을 도덕적으로 무조건 '나쁘다'고 아무리 말해 봐야 그것을 저지하는 효과는 약할 수밖에 없습니다. 학교에서 터부시하면 아이들은 입을 다물고 말아요. 오히려 일상적으로 드러내서 말할 수 있는 분위기를 조성해야 합니다."

그때 마지막으로 패널로 출연한 테리 이토テリー 伊藤가 이런 의견을 말했다.

"나라면 독서를 권장하겠습니다."

여러분 가운데는 이 말을 듣고 나서 '아니, 느닷없이 아무 상관도 없는 말을 왜 하는 거야?' 하고 생각할지도 모르겠다. 테리의 진의는 피해 아이가 따돌림을 주도하는 아이와 같은 씨름판에서 싸워 봐야 이길 수 없다는 뜻이다. 현실적으로 끊임없이 공격을 당하고 있으니 말이다. 그렇다면 따돌림을 주도하는 아이가 올라설 수 없는 단계로 높이 올라설 필요가 있다.

그러기 위해서 책을 읽으면 어떻겠느냐는 말이다. 나는 이전부터 테리 이토와 알고 지내는 사이인데 상당히 예민한 감성을 지닌 사람으로 그를 존경하고 있다. 가끔 유별난 발언으로 물의를 일으키기도 하지만, 단순히 청중의 지지를 얻기 위해 하는 말이 아니라 생각에 생각을 거듭한 끝에 내놓은 말이라는 게 느껴졌다.

나는 테리의 말에 이집트 고고학자인 요시무라 사쿠지吉村作治를 떠올렸다. 요시무라와는 '엔진 01 문화 전략 회의'를 통해 친분을 맺은 바 있다. 그런 인연으로 와다중학교에서의 수업을 맡아 준 적도 있는데, 그때 수업이 시작되기 전 교장실에서 잠시 이런 대화를 나눴다.

"요시무라 선생님은 중학교 시절에 어떤 아이였나요?"

"저는 친구들로부터 심하게 따돌림을 당하던 아이였습니다."

지금의 풍채를 보면 믿기 어렵겠지만, 쉬는 시간이면 교실에 있을 곳이 없어 늘 도서관으로 피해 다녔다고 한다. 그때 만난 책이《투탕카멘의 무덤》The Tomb of Tutankhamun이었는데, 너무 재미있어서 책의 세계에 푹 빠져들어 따돌림을 당하는 현실도 잊어버렸을 정도라고 한다. 결국 그것이 세계적으로 저명한 이집트 고고학자를 키워 냈다.

이처럼 한 권의 책이 따돌림당하는 아이를 구제하는 일도 있다. 책을 읽고 자신의 세계관을 넓혀 따돌림을 하는 아이와는 다른 단

계로 올라선 것이다. 테리의 말도 아마 그런 의미였으리라고 생각한
다. 테리 자신도 엄청난 독서광이라 그런 의견을 말할 수 있었던 게
아닐까.

의식이 높아질수록
강해지는 끌어당기는 힘

　내가 앞서 소개한 〈클로즈업 현대〉의 '독서' 특집 방송을
본 것은 우연이었다. 저녁 일정을 모두 마치고 집으로 돌아온 나는
TV라도 보려고 리모컨을 들고 채널을 이리저리 돌렸지만, 딱히 관
심 가는 프로그램이 없었다. 마지막으로 NHK에 채널을 맞춰 보았
다. 때마침 한창 선거 시기여서 선거 홍보 방송을 하고 있을 가능성
이 높았기에 재미없으면 TV를 끄려고 했다.
　채널을 맞추니 독서에 대한 프로그램을 방영하고 있었다. 안 그
래도 독서와 관련된 책을 읽으려던 참이어서 한 손에 메모지를 들
고 열중해서 보기 시작했다. 내게는 이런 상황이 빈번하게 발생한
다. 항상 열 가지 이상의 프로젝트를 동시에 진행하는데, 그것과 관
련 있는 사람이나 사물을 우연히 접하게 되는 경우가 많다. 바로 끌
어당김의 법칙이다. 이 현상은 비단 나에게만 국한된 것은 아니다.

사가현佐賀県 다케오시武雄市의 전 시장으로 현재는 히와타시샤추樋渡社中라는 회사를 경영하고 있는 히와타시 게이스케樋渡啓祐라는 인물이 있다. 그가 시장으로 있었을 때 함께 교육개혁사업을 추진했던 적이 있다. 그 당시 내가 들은 얘기는 의식이 집중되었을 때 누구에게나 끌어당기는 현상이 일어난다는 사실을 입증하는 내용이었다.

그가 다케오시 도서관을 개장하고 싶다고 생각한 어느 날 밤, 우연히 보게 된 TV 프로그램에 츠타야TSUTAYA 사장으로 컬처 컨비니언스 클럽Culture Convenience Club Co., Ltd 회장을 맡고 있던 마스다 무네아키増田宗昭의 이야기를 듣게 되었다. 프로그램은 다이칸야마에 있는 새로운 콘셉트의 서점 '다이칸야마 T-SITE'에 대한 특집이었다. 히와타시는 순간적으로 도서관을 반드시 이 사람에게 부탁하고 싶다는 생각을 했다고 한다.

다음 날 츠타야에 전화를 걸어 자신을 다케오시 시장이라고 밝혔는데도 연결해 주지 않았다고 했다. 전화를 받은 츠타야 담당자 입장에서는 다케오시 시장이라고 밝힌 상대가 진짜인지 확인할 수도 없으며, 하루에도 수십 통씩 그런 전화가 걸려오니 어쩔 수 없는 일이었을 것이다. 그렇다고 해도 포기하지 못한 채 시간만 흘러갔다.

그러던 중 히와타시는 도쿄로 출장을 가게 되었다. 그는 시간을 내서 다이칸야마에 있는 츠타야 서점을 찾아갔다. 바로 서점이 코앞 이르렀을 때 놀랍게도 마스다가 그곳에 있었다. 완공 이벤트를 마친

참이었는지 감개무량한 표정으로 건물을 바라보고 있었다고 한다. 히와타시는 부리나케 달려가 다짜고짜 명함을 내밀었다.

"다케오시의 시장 히와타시라고 합니다. 도서관을 개장하고 싶은 데 도와주실 수 있을까요?"

"좋습니다!"

그 자리에서 흔쾌히 도와주겠다는 대답을 들은 히와타시는 의외의 반응에 깜짝 놀라고 말았다. 나중에 들은 얘기로는, 마스다의 머릿속에도 '다음은 도서관이다'라는 구상이 있었다고 한다. 두 사람의 뇌의 회로가 일순간에 이어진 셈이다.

인간이 살면서 축적한 지식, 기술, 경험의 모든 것은 뇌의 어딘가에 가라앉아 있다가 어떤 의식이 강해지면 마구 뒤섞여 떠오르기 시작한다. 그렇게 떠오르기 시작할 때 순식간에 연결돼 회로를 형성하는데, 인간은 그것을 마음이나 생각의 형태로 품게 된다. 거꾸로 말하면 지식, 기술, 경험이 수면 위로 떠오르지 않으면 마음이나 생각은 생겨나지 않는다.

뇌 안에서 연결되어 마음이나 생각으로 형상을 이루기 시작하면 그것이 발신기가 되어 일종의 전자파와 같은 신호를 방출하는 게 아닐까. 나는 사람들이 눈에 보이지 않는 신호에 반응하여 자신과 비슷한 신호를 가진 사람 혹은 사물을 끌어당기는 것이라고 진심으로 믿고 있다.

지식, 기술, 경험이 마음과 생각으로 형상화된다

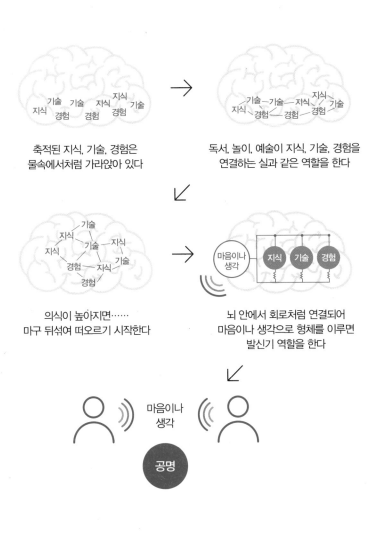

축적된 지식, 기술, 경험은
물속에서처럼 가라앉아 있다

독서, 놀이, 예술이 지식, 기술, 경험을
연결하는 실과 같은 역할을 한다

의식이 높아지면……
마구 뒤섞여 떠오르기 시작한다

뇌 안에서 회로처럼 연결되어
마음이나 생각으로 형체를 이루면
발신기 역할을 한다

마음이나
생각

공명

우리의 뇌 안에 가라앉아 있는 지식과 기술, 경험의 조각을 연결하는 데 필요한 매개체로 가로 방향, 세로 방향, 사선 방향 등의 여러 가지 실이 있다고 나는 상상한다. 그 실은 다른 말로 촉매라고 할 수 있다. 촉매에는 세 종류가 있으며, 그중 하나가 바로 독서다.

그렇다고 독서만 하면 된다는 말은 아니다. 우리가 오로지 책만 계속 읽는다고 해서 성장할 수 있는 것은 아닐 테니 말이다. 나머지 두 개의 촉매인 놀이와 예술을 체험할 때 비로소 뇌 안에 여러 개의 회로가 생겨 가라앉아 있던 지식과 기술과 경험의 조각이 풍요롭게 연결된다. 또한 이것이 완전히 연결되면 방출하는 신호가 훨씬 강력해져서 더욱 많은 관련 인물이나 사물을 끌어당기는 게 아닐까.

本を読む人だけが手にするもの

모두가 수긍할 수 있는 답을 찾아내는 레고형 사고
한 권의 책에는 얼마만큼의 가치가 있을까
타인의 뇌 조각을 연결하면 뇌는 무한대로 확장된다
뇌의 수용체를 활성화하는 독서법
독서는 관점을 늘리고 자기편까지 늘린다
독서를 통해 저자의 뇌를 연결하여 미래를 예측한다

◆ 제 2 장 ◆

독서는 작가의 뇌와
자신의 뇌를 연결하는 일

모두가 수긍할 수 있는 답을
찾아내는 레고형 사고

앞서 20세기형 성장 사회에서 21세기형 성숙 사회로의 전환을 언급했다. 이를 이해하기 쉽게 설명하면 '퍼즐형 사고'에서 '레고형 사고'로의 전환이라고 말할 수 있다. 퍼즐의 경우, 아름다운 풍경 사진이나 디즈니 애니메이션 등의 완성 그림(정답)이 미리 설정되어 있다. 정해진 정답을 찾아가는 퍼즐은 몇 십 조각으로 이루어진 쉬운 단계부터 몇 천 조각으로 나누어지는 어려운 단계까지 다양하지만, 본질은 원래 상태로 되돌려 맞추는 놀이다.

퍼즐 조각 하나하나는 이미 정해진 자리가 있기 때문에 다른 조각을 갖다 놓을 수도 없다. 혹시라도 퍼즐 조각을 잘못 놓으면 본래 그곳에 들어가야 할 조각은 갈 곳이 없어진다. 그럴 경우 당연히 퍼즐을 완성할 수도 없다.

일본의 20세기 교육은 단 하나의 정답을 빠르고 정확하게 찾아내 누구보다 먼저 퍼즐을 완성하는 아이들을 양산하는 목표를 지향했다. 이로써 일본이 서구 여러 나라를 따라잡을 수 있었던 것 또한 사실이다. 특히 전후 GHQ(연합군 총사령부, 1945년 제2차 세계대전 후 대일 점령 정책을 펴기 위해 도쿄에 설치한 관리 기구—옮긴이)나 외국 TV 드라마에서 보여주었던 풍요로운 사회 '미국'을 표본으로 삼아 동경심을 전면에 드러내며 성장했던 발전 단계에서는 그런 교육이 정답이었음이 분명하다.

그런데 문득 정신을 차리고 보니, 그사이 일본 사회는 퍼즐을 빨리 정확하게 완성해 내는 사람으로만 가득 차게 되었다. 물론 이렇게 말하는 나 역시 예외가 아니며 주변의 많은 세대도 마찬가지일 것이다. 문제는 이런 퍼즐형 인간이 못하는 게 두 가지가 있다는 것이다. 먼저 하나는 처음에 설정된 정답 화면밖에 만들 수 없다는 점이고, 또 다른 하나는 완성되는 그림을 변경하기 어렵다는 점이다.

예를 들어 아름다운 산과 강의 풍경을 짜맞추던 중 문득 바다 풍경을 넣으면 좋겠다 싶어도 그것은 불가능에 가깝다. 또 미키마우스 퍼즐을 중간까지 진행했는데 갑자기 도라에몽을 끼워 넣고 싶어도 그럴 수가 없다. 이처럼 퍼즐은 풍경이나 캐릭터를 바꾸고 싶어도 도중에 마음대로 바꿀 수가 없다.

이 두 가지 문제는 일본인의 라이프스타일을 상징한다. 과거 일본인에게 정답과 같은 삶의 모습은 미국적인 라이프스타일이었다. 미국처럼 풍요로워지고자 전후 50년간 미국을 모델로 한 퍼즐을 완성하기 위해 가히 필사적이었다. 그런데 거기까지는 좋았다. 그 결과 1980년대까지 일본이 추구하는 정답이 어느 정도 보이기 시작했으니까.

하지만 그다음 더 앞으로 나아가기 위해서는 새로운 세계관, 새로이 지향하는 그림 모양의 재설정이 필요했다. 하지만 안타깝게도 그렇게 하지 못했다. 성숙 사회에서는 스스로 비전을 내세우고 그에 맞는 길을 개척해 나가야 한다. 그런데 일본인들은 여전히 새롭게 그림을 만들 생각을 못하고 퍼즐만 맞추고 있었다. 거기에서부터 일본인들의 불행이 싹트고 있었다.

반대로 레고 블록을 쌓는 방법은 머리를 쓰고 아이디어를 내기만 하면 무한으로 확장된다. 만드는 사람이 원하는 대로 집을 만들 수도 있고 동물원을 만들 수도 있다. 또 장대한 거리 풍경을 만들거나 지구를 떠나 우주 정거장을 만드는 일도 가능하다. 모두 각자 원하는 대로 만들면 될 뿐, 정해진 정답은 없다. 각자 스스로 수긍할 수 있는 답을 찾아낼 수 있느냐 아니냐가 전부다.

퍼즐과 레고 블록, 이 두 게임이 상징하는 차이가 20세기형 성장 사회와 21세기형 성숙 사회 간의 차이를 분명하게 보여주고 있다.

그렇다면 이제 우리는 어떤 자질을 익혀야 할까?

한 권의 책에는 얼마만큼의
가치가 있을까

　레고형 사고를 기르기 위한 효과적인 수단으로는 책이 있다. 소설이든 저자의 체험을 담은 에세이든 범죄의 이면을 캔 논픽션이든 한 권의 책에는 저자가 오랜 시간 공들여서 조사하고 고심한 내용이 담겨 있다. 그 작업은 그야말로 저자의 뇌 안에서 무에서 유를 창조하는 것과 다름없다.

　무라카미 류村上龍의 《반도에서 나가라》半島を出よ를 예로 들어 살펴보자. 무라카미 류는 이 소설을 쓴 동기가 북한이라는 나라에 대한 실상을 몰랐기 때문이라고 언급했다. 그리고 그곳에는 어떤 생각을 하는 사람들이 살고 있는지 알고 싶었다고 한다. 그래서 북한이 정말로 일본을 공격해 온다면 맨 처음 후쿠오카福岡를 점령하는 것에서부터 시작하지 않을까 하는 가설로 이야기를 시작한다. 거기에 북한군에 대항하는 일본인 주인공과 조연을 배치함으로써 그들이 이런 사태에 직면했을 때 어떤 행동을 보여줄 것인가에 대해 고찰해 나간다.

그렇게 해서 북한의 군사력이나 일본의 중대한 맹점을 파헤쳐 보고자 했다. 10년 동안 구상한 결과 마침내 집필을 시작했다. 하지만 쓰기 시작하고 나서도 여전히 북한 측 화자인 지휘관 캐릭터를 마지막까지 제대로 표현할 수 있을까 하는 불안감이 있었다고 한다. 소설에는 후쿠오카 돔에 북한 특수부대가 잠입하는 장면이 있다. 프로야구를 관전하고 있던 일본인들은 무슨 일이 벌어졌는지 미처 알아차리기 전에 손 한번 써보지도 못한 채 쉽사리 제압당하고 마는 인상적인 장면이다.

쌍방의 군사력에 관한 방대한 자료와 전문가를 상대로 취재한 조사 자료에서 후쿠오카의 수비 약점을 찾아내 북한이 어떻게 공격할 것인지 상상한 것이다. 그에 대해 일본 정부의 위기 관리 능력이나 자위대는 어떻게 방어할 것인지 등 무라카미 류가 머릿속에서 무한으로 시뮬레이션한 결과가 작품에 반영되어 있다. 일개 독자인 나역시 그 부분의 묘사에는 감탄을 금할 수 없었다. 나 자신이 그 야구장에서 소프트뱅크 전을 관전하고 있었다 해도 총성 한 방에 온몸이 굳어 버렸을 모습이 쉽게 상상이 되었기 때문이다.

무라카미 류는 맺음말을 통해 자신이 《탈북자》脫北者라는 책에 자극을 받아 서울에서 10여 명의 탈북자를 만나 한 사람에 세 시간 정도 그들의 얘기를 들었다고 한다. 태어나서 자란 집, 동네, 마을에 대한 모습, 가족과 형제, 친구에 관한 내용, 일상생활과 학교 수업이나 군대 훈련에 대해서도 무라카미 류는 꼼꼼하게 파고들어 철저하게 소사했다. 군사 작전이나 특수부대의 능력, 폭약이나 폭파 등의 내용에 대해서는 인터뷰하고 조사한 취재원을 밝힐 수 없는 협력도 있었던 모양이다.

참고 문헌은 북한 관련 책만 해도 95권에 이르고, 주민 기본 대장(우리나라의 주민등록표에 해당—옮긴이) 네트워크 시스템/예금 봉쇄(은행예금 등의 금융 자산 인출을 제한하는 것을 말함—옮긴이)/대미 관계/지정학 관련이 21권, 국제법 관련 7권, 소년병 관련 6권, 군사/안전보장/특수부대/병기/무기 관련 26권, 화약/폭파/폭발 관련 11권, 건축 설비 관련 13권, 벌레/파충류/독화살개구리/독 관련 14권, 의학 관련 8권, 규슈 경제 관련 4권으로 총 205권의 서적이 인용되었다.

그 밖에 리얼리티가 살아 있는 표현을 위해 많은 영상 자료를 참고한 것으로 보인다. 특수부대나 테러 대책과 관련한 영상 자료가 38건, 북한과 관련해서는 '수령님은 언제나 우리와 함께 계시네'라는 음악 CD도 5개나 참고했다고 한다. 즉《반도에서 나가라》라는 책을 읽는다는 것은 무라카미 류가 그 책에 쏟아 부은 인생을 읽는 것으로도 이어진다. 특히 구상에서부터 10년간의 사색과 집필 과정, 200권을 넘는 책과 자료, 수많은 사람의 인터뷰 취재 등을 투자한 결과 만들어진 이야기를 '공유하는 것'이다. 게다가 그것을 엔터테인먼트 작품으로 즐길 수 있다.

물론 이 책은 소설이라는 허구의 이야기로 과장이나 연출이 더해졌을 것이다. 독자에게 즐거움과 흥미를 유발하기 위해 과하게 표현된 장면도 있다. 그러나 이 장대한 사고 실험을 자신의 것으로 즐긴다면, 자신의 뇌를 자극해 사고 회로를 넓힐 수 있을 것이다. 작품은 작가의 '뇌 조각'이기 때문이다.

독자는 그 뇌 조각을 독서를 통해 자신의 뇌에 연결할 수 있다. 뇌 조각이라는 표현에 위화감이 있다면 '앱'이라고 바꿔 말해도 좋고, 한 세트의 '회로'라고 불러도 좋다. 이 작품의 경우에는 무라카미 류의 뇌를 통해 편집된 '일본의 취약점'이 독자의 세계관을 넓혀 준다.

타인의 뇌 조각을 연결하면
뇌는 무한대로 확장된다

예를 들어 나의 뇌를 '후지하라 뇌'라고 부르기로 하자. 뇌 안에서 레고 블록을 자유자재로 조합하려면 후지하라 뇌를 확장해야 한다. 그러기 위해서는 다양한 배움이 필요하다. 하지만 한 사람의 인생에서 직접 보고 경험할 수 있는 데에는 한계가 있다. 그러므로 타인이 획득한 뇌 조각을 후지하라 뇌에 연결하면 더욱 확장할 수 있게 된다. 전혀 다른 뇌 조각을 연결함으로써 자신의 뇌에서는 수용하지 못했던 정보를 수용할 수 있기 때문이다.

그렇다면 평소 후지하라 뇌를 타인의 뇌 조각이 달라붙기 쉬운 상태로 만들어 둘 필요가 있다. 그러기 위해서는 어떻게 하면 좋을까? 후지하라 뇌에 무수히 많은 훅과 같은 장치를 만들어 두면 외부에서 들어오는 타인의 뇌 조각이 쉽게 걸릴 것이다. 훅이란 무언가를 걸어 놓는 데 사용하는 돌기처럼 생긴 고리를 말한다. 그 훅은 독서를 통해서도 만들어진다.

다시 말해 독서는 책을 쓴 사람이 바로 곁에 없어도 그 사람의 뇌 조각을 자신의 뇌에 연결해 주는 도구가 된다. 이를테면 뇌 과학자 모기 겐이치로茂木健一郎의 작품을 읽으면 모기 겐이치로의 뇌 조각이 후지하라 뇌에 달라붙고, 작가 하야시 마리코林真理子의 작품을 읽으면 하야시 마리코의 뇌 조각이 후지하라 뇌에 달라붙는다. 뇌에 달라붙는다고 해도 깔끔한 형태로 연결되는 것은 아니다.

어디까지나 상상에 지나지 않지만, 예를 들어 뇌에 무수히 많은 구멍이 질서정연하게 뚫려 있고 그 구멍 안으로 타인의 뇌 조각이라는 둥근 형태의 공이 쏙 들어가는 모습은 아닐 것이다. 어떤 장소에서는 뇌 조각이 꽂히는 형태로 달라붙기도 하고, 또 다른 장소에서는 뇌 조각이 뭔가에 걸린 것처럼 덜렁거리는 모습일 수도 있다.

똑같은 체험을 해도 그 체험을 통해 뭔가를 배우는 사람과 배우지 못하는 사람이 생기는 이유가 있다. 나는 그 이유를 이 훅과 같은 장치의 갯수나 훅 그 자체의 구조에 차이가 있기 때문이라고 생각한다. 훅 자체가 적어서 뇌에 다른 뇌 조각이 붙는 경우가 적을 수도 있고, 훅의 연결고리가 너무 약해서 들러붙지 못할 수도 있다. 그것은 좋은 사람을 만났는데도 그것을 알아차리지 못하는 사람이 있거나 좋은 체험을 했음에도 그것을 흡수하지 못하는 사람이 있다는 점에서도 알 수 있다.

이 훅과 같은 장치를 생물학적인 표현으로 '수용체'라고 한다. 수용체가 복잡한 구조일수록 다양한 종류의 뇌 조각을 걸기 쉽다. 일상생활의 여러 장면을 떠올리면 이해가 쉬울 것이다. 동그라미보다 삼각, 매끈매끈한 모양보다 까끌까끌한 모양, 한 개보다 두 개, 한 방향보다 여러 방향, 단순한 형태보다 복잡한 형태 쪽이 효과적이다. 우리가 그렇게 되기 위해 평소에 단련해 두지 않으면 타인의 뇌 조각과 자신의 뇌를 연결하기 어려워진다.

무엇보다 모기 겐이치로의 뇌 조각과 하야시 마리코의 뇌 조각의 형태가 애초에 같지 않다. 단순한 형태의 훅으로는 한 사람의 뇌 조각은 붙잡을 수 있어도 또 다른 사람의 뇌 조각은 붙잡지 못하는 상황이 일어날 수 있다. 또 모기 겐이치로나 하야시 마리코의 책을 읽는다고 해서 그들의 뇌 조각이 갑자기 달라붙는다고도 단언할 수 없다. 지식 수준이나 경험의 질이 다르므로 무조건 자신의 뇌에 달라붙는 것은 아니기 때문이다. 간신히 수용체에 걸렸다고 해도 오다가

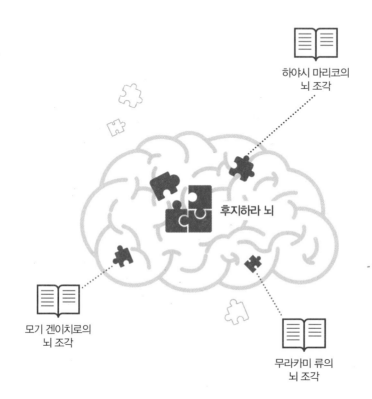

하야시 마리코의
뇌 조각

후지하라 뇌

모기 겐이치로의
뇌 조각

무라카미 류의
뇌 조각

다 쉽게 떨어지기도 한다.

같은 시기에 같은 작가의 책을 읽어도 독자에 따라 받아들이는 방법이나 상태가 다른 이유도 바로 이 때문이다. 한 권의 책에 대해서도 어떤 사람은 정말 재미있다고 생각하고 또 어떤 사람은 매우 재미없다고 생각하기도 한다. 수용체를 복잡한 구조로 만들기 위한 지름길은 다양한 저자의 많은 책을 읽는 것이다. 그러면 다양한 뇌 조각이 축적되고 수용체의 형태가 다양화하여 달라붙기 쉬워진다.

가령 '뇌' 연구에 관한 책을 읽는다고 가정해 보자. 모기 겐이치로의 책을 읽어두 그의 뇌 조각이 자신의 뇌에 달라붙지 않는데,《해마》海馬 등의 저서로 유명한 도쿄대학대학원 교수 이케다니 유지池谷裕二의 책을 읽고 나서 모기 겐이치로의 책을 읽었더니 그의 뇌 조각이 순조롭게 달라붙는 경우도 있다. 사람에 따라서는 그 반대의 경우도 있을 수 있다. 그것이 바로 독서를 통해 다양한 종류의 수용체를 획득한 결과이며, 다양한 뇌 조각을 축적한 성과이다.

뇌의 수용체를
활성화하는 독서법

여기서 한 가지 더 생각해 봐야 할 점이 있다. 수용체를 복잡한 구조로 만드는 것만으로는 한계가 있다. 거기에 신경이 통과하지 않으면 더 많은 뇌 조각을 흡수할 수 없기 때문이다. 실제로 뇌에서는 시냅스라는 신경물질의 발달로 기능이 강화되고, 사용하지 않는 부분은 '아포토시스'(세포사)라는 형태로 사멸한다. 그런데 아포토시스가 일어나지 않도록 하려면 어떻게 해야 할까.

바로 독서량을 축적해 수용체를 활성화할 필요가 있다. 하지만 이때 자신의 특기 분야나 흥미가 있는 내용에만 치우치면 새로운 분야를 접하기가 어렵다. 예를 들어 "나는 문과 전공이라서 DNA나 유전자에 대해서는 별 흥미가 없어요." 하거나 "너무 어려운 분야라 우주에 관해서는 관심이 안 생겨요." 또는 "순수문학을 좋아해서 다른 책은 딱히 읽고 싶지 않아요."와 같은 이유를 대면서 자신이 관심 있거나 특기 분야가 아닌 책을 꺼리다 보면 거기에 유익한 뇌 조각이 있다고 해도 자신의 뇌에 달라붙지 않는다.

오히려 자신이 서툴고 잘 알지 못하는 낯선 분야, 눈이 번쩍 뜨일 정도로 놀랍고 새로운 내용 또는 지금까지 전혀 흥미를 갖지 못했던 분야로 눈을 돌려야 한다. 물론 이런 노력이 쉬운 것은 아니다. 하지만 뇌의 수용체를 활성화하기 위해서는 의도적으로 '이질의 회로'를 만들어 내야 하며 이런 시도를 통해 수용체의 형상이나 질이 다양해질 수 있다.

쉽게 말해 난독亂讀을 하라는 말이다. 책의 내용이나 수준을 가리지 말고 닥치는 대로 읽는 것이 필요하다. 이를 통해 우리는 뜻밖의 발견이나 기적적인 조우를 의미하는 '세렌디피티'Serendipity(완전한 우연으로부터 중대한 발견이나 발명이 이루어지는 것을 말하며, 특히 과학 연구의 분야에서 실험 도중 실패해서 얻은 결과에서 중대한 발견을 하거나 발명하는 것을 이르는 말―옮긴이)를 유발할 수도 있다.

그렇다고 처음부터 책의 내용을 완벽하게 이해할 필요는 없다. 수박 겉핥기 수준이어도 상관없다. 넓고 얕게 훅을 내밀어 두기만 해도 언제 어디서 무엇이 어떤 것과 연결될지 알 수 없다. 넓고 얕더라도 무언가와 연결되면 나중에 깊숙이 파고들 수도 있다. 이는 어떤 분야에도 적용되는 상황인데, 어느 단계까지 일정한 정도의 훈련을 축적하지 못하면 수준은 향상되지 않는다. 이는 독서에 있어서도 예외가 아니다. 이에 대해서는 2014년에 공개된 뤼크 베송Luc Besson 감독의 《루시》Lucy라는 작품을 통해서 더욱 확실하게 느꼈다. 영화의 광고 문구에는 다음과 같이 쓰여 있었다.

'인간의 뇌는 10퍼센트밖에 기능하지 않는다.'

대강의 줄거리는 이렇다. 주인공 루시가 마피아의 암거래에 휘말려 마약 운반책이 된다. 마약이 들어 있는 주머니가 루시의 몸속에 넣어지고 몸속에서 그 주머니가 찢어지면서 체내에 흡수되는 사고가 일어난다. 그런데 그 약물을 흡수하게 된 루시의 뇌가 활성화하면서 루시는 상상도 못할 만큼의 능력을 갖게 된다. 10퍼센트밖에 기능하지 않았던 뇌가 100퍼센트 기능했을 때 루시는, 인간은 어떻게 될까?

영화에서는 루시가 갑자기 중국어를 구사하는 장면이 묘사된다. 주변 사람들이 "언제 중국어를 배웠어?"라고 묻자 루시는 "지금 막 갑자기 말할 수 있게 되었어."라고 대답했다. 이 장면을 보고 나는 대단히 본질적인 것을 묘사하고 있다고 생각했다. 그 이유는 오래전부터 인간의 뇌 속에는 인류의 모든 기억이 들어 있는 게 아닐까 하는 생각을 해왔기 때문이다. 인간은 몇 십 대를 거슬러 올라가면 대부분 같은 뿌리에 이른다. 그때의 기억이 그리 쉽사리 상실될 리 없다.

실제로 세계 곳곳에서 전생에 관해 이야기하는 아이들이나 갑자기 배운 적 없는 미지의 언어를 구사하는 사람이 나타나기도 한다. 이런 현상이 오컬트로 치부되기 쉽지만, 아무래도 그렇게 쉽게 넘겨 버릴 일은 아닌 것 같다는 생각이 든다. 영화에서 루시는 우주의 탄생에까지 거슬러 올라가 모든 기억을 하나하나 떠올린다. 그리고 마지막 장면은 뇌가 100퍼센트 활성화했을 때의 묘사로 막을 내리는데, 뇌가 100퍼센트 활성화한 루시의 모습은 형체도 없이 사라진다. 완전히 뇌를 활성화한 결과, 세계 그 자체가 되어 버린다는 철학적인 메시지를 전하는 마지막 장면이다.

현실적으로 인간의 뇌가 100퍼센트 활성화하는 것은 불가능할 것이다. 하지만 독서를 비롯한 많은 체험이 축적되는 과정을 통해 적어도 어제부터 오늘, 오늘부터 내일로 뇌가 활성화해 가는 것은 틀림없다. 그럴 경우 지금 보이는 풍경과는 다른 세계가 보이기 시작하지 않을까. 타인의 뇌 조각과 이어진다는 것은 바로 그런 의미일 것이다.

독서는 관점을 늘리고 자기편까지 늘린다

　　독서를 통해 타인의 뇌 조각과 자신의 뇌가 이어진다고 말했다. 이를 바꿔 말하면 '관점'을 늘리고 '자기편'을 늘리는 일이다. 먼저 관점을 넓히고 늘리는 것에 대해 살펴보자.

　독서는 저자가 획득한 지혜를 독자의 뇌에 연결하는 행위다. 자신의 뇌를 타인의 뇌 조각과 연결하면 자신의 뇌가 확장되며, 세상을 바라보는 관점이나 지혜를 획득하게 된다. 이로써 독자는 세상에 대한 관점을 넓혀 다면적이고 복안적으로 사고할 수 있게 된다. 그리고 자신의 세계관(관점)이 넓어지면 옥석이 뒤섞인 정보에 속지 않으며, 어떤 결정을 내릴 때 선택지가 증가한다. 무엇보다 위험을 분산할 수 있으므로 책을 읽을수록 자기 자신을 지키는 힘이 강해진다.

　또 하나인 자기편을 늘린다는 건 어떤 의미일까. 많은 저자의 뇌 조각을 자기 뇌에 연결함으로써 관점이 확장될 경우 다양한 뇌(사람)와의 교류가 가능해진다. 그러면 타인과 세계관을 공유하게 되고, 여러 가지 공통점이 보이면서 뇌 안에 공유 도메인(영역)을 구축한 상대방이 결국에는 자기편이 된다. 그것은 타인과 자신 간의 공감이나 신뢰로 더 한층 발전한다. 더불어 주변으로부터 얻을 수 있는 '신임'(신뢰와 공감을 곱한 것)의 총량(신용)을 늘려 주며, 거기에서부터 또다시 새로운 뇌 조각과 연결되면서 자기편이 증가한다.

결과적으로 책을 읽는 사람과 안 읽는 사람 사이에는 커다란 차이가 생긴다. 더구나 그 차이는 기하급수적으로 커진다. 타인의 뇌 조각을 많이 연결하여 세상의 관점을 넓혀 가는 사람과 그렇지 않은 사람 간에는 점점 더 큰 격차가 일어나는 것이다. 그 차이를 쉽게 설명하면, 더 많은 타인의 뇌 조각을 연결해서 자기편을 늘린 사람은 꿈을 실현할 때 비교적 쉽게 타인의 공감이나 신뢰를 얻어 낸다. 하지만 자기편이 없는 사람이라면 아무래도 주변의 신뢰를 받기가 어려울 것이다.

주변으로부터 신뢰나 공감을 얻는다는 것은 어엿한 성인으로서 신임을 받고 있다는 것을 의미한다. 나는 신임의 총량을 신용이라고 부른다. 개인의 신용이 높아지면 자유도가 상승하고, 신용이 낮아지면 자유도는 떨어진다. 결국 신용이 높아지면 자신이 추구하는 꿈을 실현하기 쉽다. 자신을 둘러싼 주변 사람들을 비롯해 조직, 세상 전체의 신뢰나 공감이 두터워지기 때문이다. 그럴 경우 성장하고 발전할 수 있는 기회가 더 많이 찾아오고 꿈을 실현하기 위한 주변의 지원도 얻을 수 있다.

독서를 통해 저자의 뇌를 연결하여
미래를 예측한다

앞서 설명했듯이 독서는 저자의 뇌 조각을 연결하는 행위다. 자신의 뇌에 흡수된 타인의 뇌 조각이 증식하여, 그 안에서 서로 이어지면서 새로운 생각이나 의견이 형성되고 그에 따른 부산물로 미래를 예측할 수 있다.

예를 들어 아마존 창업자 제프 베조스Jeffrey Preston Bezos에 대해 쓴 《아마존, 세상의 모든 것을 팝니다》The Everything Store와 구글의 미래에 대해 언급한 《새로운 디지털 시대》The New Digital Age: Reshaping the Future of People, Nations and Business라는 두 권의 책을 읽으면 한 가지 미래의 모습을 떠올릴 수 있다. 이 부분에서는 내가 언젠가 잡지에 연재했던 서평을 토대로, 저자와 뇌를 연결하면 어떤 미래가 보일 것인지 실험해 보고자 한다.

《아마존, 세상의 모든 것을 팝니다》 브래드 스톤 지음

2000년 아마존이 일본에 진출했을 당시, 독자들 중 과연 누가 아마존이 단순히 인터넷을 통해 책을 파는 온라인 서점이 아니라 시장을 지배하는 거대 유통망으로 성장할 거라 예측할 수 있었을까? 나 역시 전동칫솔의 리필모에서부터 아이폰 iPhone에 연결하는 접이식 키보드에 이르기까지 아마존을 통해 물건을 구매하는 일이 많아지기 시작했다. 제프 베조스라는 남자는 처음부터 월마트를 뛰어넘는 회사를 그렸던 모양이다. 적어도 200억 달러(20조 엔) 규모의 비즈니스 이미지를 가지고 가능한 일에서부터 하나씩 해나갔다.

월마트는 현재 연결 결산 45조 엔이 넘는 매출액으로 세계 제일의 회사이지만, 아마존은 창업한 지 20년도 지나지 않아 6조 엔을 넘어섰다.(일본 국내에서는 2012년 연매출 730억 엔으로 발표되었는데, 실제 거래액은 1조 엔이 넘는다는 얘기도 있다.) 2012년도의 성장률(20퍼센트 초과)에서 보면 3년간 10조 엔으로, 도쿄 올림픽이 열리는 해인 2020년까지 20조 엔이 넘을 가능성도 충분하다.

이 책을 읽으면 그 바닥의 깊이를 알 수 없는 기업가 정신과 초超라는 접두사가 붙는 스피디한 시행착오 비즈니스 작법을 배

울 수 있다. 이 책은 《스티브 잡스》Steve Jobs by Walter Isaacson와 더불어 직장인이 반드시 읽어야 하는 필독 전기이자 1급 다큐 멘터리다. 500쪽이나 되기 때문에 읽는 데 제법 시간이 걸리지 만, '비즈니스에서 도대체 무엇이 중요한가?' '부가가치란 무엇 인가?' '회사에서 직원이 해야 하는 일은 무엇인가?'라는 매니 지먼트의 본질을 배우는 교과서가 될 것이다.

특히 고객의 체험을 절대시한다는 점에서는 종교적이라고 할 수 있을 만한 베조스의 판단 과정을 천천히 음미해 보기 바란 다. 아마존의 완구 판매 경쟁과 관련해서는 다음과 같은 비화 도 있다.

"아니나 다를까 감사제가 끝나자 인기가 많은 장난감은 재고 가 없었다. (중략) 모두가 분담해서 코스트코Costco나 토이저러 스Toysrus 등의 매장을 돌며 당시 선풍적으로 인기를 끌었던 포 켓몬스터나 강아지 장난감을 사재기했다고 한다. 막 오픈한 토 이저러스 닷컴 웹사이트에서도 포켓몬스터 제품을 사재기하 여 경쟁 업체의 무료배송 캠페인을 활용해 (중략) 창고로 배송 하도록 했다."

베조스는 본질을 간파하는 동시에 선견지명도 있었는데, 음악 분야에 관해서는 잘못 짚었던 것 같다.

"애플이 음악 사업에 군림하며 타워레코드Tower Records나 버

진 메가스토어Virgin Megastores 등의 대형 체인점을 쓰레기통행
으로 만든다. (중략) 베조스는 애초 아이튠스iTunes를 얕보고
있었다."

그도 자신의 예상을 뛰어넘는 속도로 보급된 아이팟iPod이 시
장을 석권하며 CD 시장을 안쪽에서부터 들쑤시게 될 줄은 꿈
에도 몰랐던 모양이다. 그런데 그 실패 경험이 '킨들'의 탄생으
로 이어진다. 2013년에는《워싱턴포스트》지를 인수했는데 오
랜 전통의 신문사를 되살리기 위해 단단히 벼르고 있는 듯하
다. 다만 베조스가 추구하는 비전을 '야망'이라는 한마디로 표
현해도 될지 솔직히 모르겠다. 과연 야망일까? 나는 오히려 고
객 체험을 절대시하는 진지하고 냉철하며, 게다가 초 단위의
시행착오도 두려워하지 않는 매우 바람직하고 정직한 경영이
라고 생각한다.

■《새로운 디지털 시대》에릭 슈미트, 제러드 코언 지음

현재 전 세계적으로 휴대전화를 가지고 있는 인구는 20억 명
인데, 앞으로 10년 사이에 50억 명이 스마트폰을 통해 하나로
연결된다. 이처럼 지구의 인간이 하나로 연결되는 세계에서 개

인은, 사회는 그리고 국가는 또 전쟁이나 테러는 어떤 모습을 하게 될지 분명하게 예언하고 있다.

예를 들면 개인은 인생의 절반을 인터넷 속에서 살게 될 테니 (이메일이나 SNS 커뮤니티로 교류하고, 책이나 물건을 사고, 여행 예약을 하고, 카드 결제를 하는 등) 본인이 자각하느냐 마느냐에 상관없이 방대한 기록을 남기면서 살아가게 된다. 성인이 되기 전 인터넷 상에서 벌인 불량스러운 행동, 난폭한 발언, 음란 사이트를 검색하고 들어간 상황까지 기록에 남는다. 그럴 경우 다음과 같은 가설이 성립한다고 저자는 말한다.

"디지털 신세대가 어른이 되어 그들이 젊은 시절에 저질렀던 무책임한 언동 하나하나가 전부 디지털에 기록되어 남는 상황이 되면 '가상세계에서의 미성년자에 관한 기록을 봉인하자'는 대의를 주장하는 정치가가 반드시 나타난다."

저자는 세계 곳곳의 움직임도 주시한다. 인도에서 진행될지도 모르는 바이오매트릭스 데이터베이스에 의한 고유 식별 번호 (UID) 계획. 이것은 현재 소득을 신고해서 소득세를 제대로 내는 사람이 인구의 3퍼센트에도 못 미친다는 점에서 국민 한 사람 한 사람을 장악하려는 방법으로, 지문과 홍채 인증을 포함한 12자리의 고유번호가 새겨진 ID 카드를 12억 국민에게 발행하려 하고 있다.

중국에서는 아스트로터핑Astroturfing(특정 주제를 중심으로 한 조직, 기관, 싱크탱크, 정부 부처 등이 해당 기관에 호의적인 발언을 하도록 '가짜 일반인'을 모집하여 대가를 지급하고 그 사실을 밝히지 않는 것—옮긴이)이라 불리는 방법에 동원되는 30만 명의 온라인 글 게시자가 정부의 통제 아래 여론을 형성하는 현상도 벌어지고 있다. 한편 불리한 글을 삭제해 처음부터 아예 없었던 것으로 만들어 버리는 지경에 이르기도 했다.

사이버 공격은 이미 육, 해, 공, 우주에 이어 제5의 전장으로 'Cold War'(냉전)가 'Code War'로 바꿔 불리기에 이르렀다. 이제 '국가는 현실 세계의 내외 정책만을 생각하면 되었던 시대를 그리워하게 될 것이다'라는 말이 나올 정도다. 로봇이 전쟁하는 영화와 같은 미래가 이미 현실이 되기 시작해, 저격을 위한 무장 로봇이 2007년부터 실전 배치되었다는 얘기며 미군 군용기의 31퍼센트가 무인기라고 하는 눈이 휘둥그레지는 정보도 들어 있다. 또, 룸바를 발매한 아이로봇사社가 '팩봇' PackBot이라는 전차와 같은 타이어로 카메라를 실은 군사용 로봇을 공급한다는 사실도 이 책을 통해서 알았다.

나 역시 언젠가 책에도 썼듯이 몇 년 전부터 이미 휴대폰은 통신 로봇이고 자동차는 이동 로봇이며 세탁기는 세탁 로봇, 냉장고는 냉장 로봇, 청소기는 청소 로봇이라고 생각했다. 그런데 어느 사이엔가 전쟁 로봇의 개발도 한창 진행되고 있었던 모양이다. 세계 곳곳에서 분쟁 후의 무장해제가 이루어지고 민주화가 실행되는 국면에서 '총을 거둬들이고 스마트폰을 건네줘라'가 사회 복귀 계획의 요점이 되어 가고 있는 현실이다. 구글이라는 회사는 이제 미국의 세계 전략을 위한 첨병 또는 미국적 민주주의의 대리인임을 통감하는 동시에 일본에 이 정도의 비전을 가진 경영자가 있을까 하는 생각이 들었다.

구상하는 세계의 규모가 애초부터 다르다.

인용이 조금 길어졌는데, 여기서 굳이 나의 감상이나 평가를 강요할 생각은 없다. 중요한 것은 이 두 권의 책을 읽음으로써 읽은 사람의 뇌 안에 아마존과 구글이라는 세계적인 선두 기업에 대해 생각하는 뇌 조각이 형성된다는 점이다. 그때 머리에 떠오르는 것은 양사가 만들어 갈 미래다.

평소 아마존을 이용하는 사람이라면 누구나 알겠지만, 추천 기능이나 검색 연동형 광고 기능 등 자동 마케팅 기능이 나날이 발전하고 있다. 한편, 구글이 인간의 뇌를 뛰어넘는 인공지능을 개발하고 있다는 사실은 주지하는 바와 같다. 그 사실은 구글이 극비리에 진행 중인 '구글 X'라는 프로젝트를 통해 세계 곳곳의 인공지능 개발 회사를 잇달아 매수하고 있다는 점에서도 알 수 있다.

여러분은 이 두 가지 사실을 통해 미래의 어떤 모습을 떠올렸는가? 나는 인공지능이 인간의 지능을 뛰어넘는 미래가 떠올랐다. 이러한 동향에 대해서는 미국의 미래학자 레이 커즈와일Ray Kurzweil이 싱귤래리티Singularity(기술적 특이점)라는 개념으로 소개하기도 했고, NHK의 특별 기획 프로그램에서 다루어지기도 했다. 그런 시대가 되었을 때 과연 인간은 무엇을 할 수 있을 것인가? 그런 상상을 하면 더 한층 관련 서적을 읽어 보고 싶다.

물론 정답은 없다. 미래는 아무도 모른다. 퍼스널 컴퓨터의 아버지라 불리는 앨런 케이Alan Kay가 "미래를 예측하는 가장 좋은 방법은 미래를 창조하는 것이다."라고 말했듯이, 어쩌면 여러분도 이제 스스로 무언가를 하고 싶다는 생각을 하게 되지 않았을까.

책을 읽어 주면 부모와 자식 간의 유대 관계가 깊어진다

부모는 유소년기 아이를 키우면서 최대한 좋은 교육 기회를 제공하고 싶어 한다. 많은 사람이 아이에게 책을 많이 읽어 주는 것을 가장 바람직한 교육 방법으로 꼽곤 한다. 아이에게 책을 읽어 주는 것은 정서적인 측면은 물론이고, 뇌 과학적인 측면 등 여러 가지 관점에서 바람직하다고 한다.

나 역시 어렸을 때의 경험에 비추어 볼 때 이 의견에 전적으로 동의한다. 어렸을 적 잠들기 전 어머니께서 《소공녀》를 읽어 주시던 모습이 아직도 기억에 생생하다. 어쩌면 아이가 하나라서 가능했을지도 모르겠지만, 유치원에 들어가기 전부터 초등학교 저학년 때까지 쭉 어머니는 책을 읽어 주셨다. 자세한 내용은 생각나지 않는다. 또 그 덕분에 초등학생, 중학생, 고등학생이 되어서도 독서를 즐기는 사람이 될 수 있었다는 미담으로 이어지는 것도 아니다.

굳이 말하자면 어머니의 소리로만 기억에 남아 있을 뿐이다. 단, 유아기에 책을 읽어서 들려주는 것에 일정 효과가 있다는 점에는 의심의 여지가 없다. 특히 유아에서 초등학교 3학년 정도까지는 훌륭한 도덕 교육이 되기도 한다. 책을 통해 엄마와 아이 간의 소통이 깊어지고 유대 관계가 강화된다는 측면에서 볼 때 커다란 의미가 있으므로 나는 이를 가리켜 '파동이 인다'라는 표현을 쓴다.

사실 아버지가 어쩌다 일찍 들어오신 날은 어머니 대신 아버지가 책을 읽어 주시기도 했지만, 하나도 기쁘지 않았다. 아마도 음파가 달랐기 때문일 것이다. 잠이 들락 말락 하는 찰나이므로 항상 들어서 귀에 익은 파동으로 듣고 싶다는 심리가 작용하기 마련이다. 그런 파동을 새기는 것이 인격을 형성하는 과정의 하나이니 섭섭하다 싶은 아버지가 있다면 아이에게 책을 읽어 주는 데 많은 시간을 할애하기 바란다.

本を読む人だけが手にするもの

명작이 책 읽기 싫어하는 사람을 만들어 낸다?
대학 시절 동경하던 선배의 책꽂이에서 발견한 인생을 바꾼 책
"순수문학, 읽어요?"
병을 얻으면서 책과 마주하게 된 시간
자신만의 의견을 만들어 내기 위한 독서
대화에 끼려면 무조건 책을 읽는 수밖에 없다
독서가 생활의 일부가 되면서 나타난 인생의 조감도
양이 질로 바뀐다, 300권 돌파

◆ 제3장 ◆

독서는 내 인생에
이렇게 도움이 되었다

명작이 책 읽기 싫어하는 사람을
만들어 낸다?

　나는 책을 읽지 않는 아이였다. 책을 안 읽게 된 이유가 뭘까 곰곰이 생각해 보니, 아마도 초등학교 고학년 땐가 과제로 주어진 도서 때문이었던 것 같다. 헤르만 헤세의 《수레바퀴 아래서》와 쥘 르나르의 《홍당무》라는 책이었다. 그 책을 읽으면서 뭐가 재미있다는 건지 도통 알 수 없었고, 왜 이런 어두운 이야기를 읽어야 하는지 정말 화가 났다.

　지금까지도 나는 이 두 권의 책을 재미있다고 생각하지 않는다. 오히려 이 두 권의 책을 처음 접했기 때문에 10대와 20대 때 책 읽는 습관을 들이지 못했다는 생각마저 들 정도다. 이에 대해서는 스스로도 창피하다 싶었는지 오랫동안 아무한테도 말하지 못했다. 어쨌거나 청소년 권장 도서에 지정될 정도의 '명작'인데, 어쩌면 자신의 독해력이 부족했기 때문일 수도 있었으니 말이다.

하지만 마음먹고 누군가에게 고백하고 났더니 속이 후련해졌다. 내가 고백했던 상대는 바로 아카기 간코赤木かん子였다. 그는 아동문학 평론가로, 고 요시모토 다카아키吉元隆明와의 논쟁에서도 밀리지 않을 만큼 식견이 풍부한 독서가다. 와다중학교의 도서실을 개조하는 작업을 부탁했는데, 처음 만나서 한잔하러 간 자리에서 그 얘기를 털어놓았다. 나의 말에 아카기가 이렇게 대답했다.

"그야 당연합니다. 솔직히 재미없으니까요."

사실 나 역시 아들에게 책을 권장했을 때에도 그렇게 생각했다. 아들이 읽고 싶어 하는 책이 아닌 내가 감명 받은 책을 억지로 읽게 했던 적도 있다. 부모가 아이에게 권장하는 책은 대부분 '교훈적인 것'이나 '세계 명작' 같은 종류다. 하지만 기대와 달리 아이가 책에 흥미를 느끼지 않아 한발 뒤로 물러섰던 적도 있다. 그런 경험을 통해 알게 된 사실은 아이가 재미있다고 느끼는 포인트는 책의 세계에 자기 자신을 투영할 수 있느냐 없느냐는 것이다.

그러므로 명작이 모두 재미없다는 말이 아니라 내가 접했던 두 권의 명작은 나 자신으로 하여금 그 세계에 빠져들지 못하게 했던 것뿐이다. 감히 명작을 두고 이런 말을 하는 게 송구하지만, 아동기에 흔히 말하는 명작만을 접하게 한다고 해서 반드시 책 읽는 습관이 몸에 배는 것은 아닌 듯하다. 때에 따라서는 나처럼 독서 자체를 싫어하게 되는 부작용이 뒤따를 수도 있다.

우리의 인생은 첫인상이 그 후의 방향을 정하게 되는 상황이 종종 벌어진다. 유감스럽게도 나는 그렇게 독서의 첫 문에서 넘어지고 말았다고 하겠다.

대학 시절 동경하던 선배의 책꽂이에서 발견한 인생을 바꾼 책

나는 초등학생부터 고등학생 때까지 전혀 책을 안 읽는 아이로 성장했다. 그 때문에 대학입시 때는 현대국어를 공부하면서 상당히 고생했는데 대학생이 되어서도 여전히 책을 읽지 않았다. 내가 처음으로 책을 연달아 읽은 경험은 대학교 3학년 때다. 한 선배에게 감화되어 책을 탐독하게 되었다. 경영학과 연구 수업을 함께 듣는 선배가 있었는데, 그는 컨설턴트 회사에 취직해서 야마라는 회사의 경영지도에 관한 업무를 담당하고 있었다.

지금도 그렇겠지만 대학생이라고 하면 대부분 폴로셔츠나 티셔츠에 면바지나 청바지를 입고 백팩이나 숄더백을 메고 다녔다. 그런데 특이하게도 그 선배는 핀 스트라이프의 더블 브레스티드 슈트를 멋지게 차려입고 한 손에 서류가방을 들고 위풍당당하게 강의실에 들어오곤 했다. 어쨌거나 그는 멋있었다. 나는 단순히 선배의 모습에 매료되어 그를 동경하게 되었다.

그러던 어느 날 선배가 자신이 사는 모토아자부元麻布의 원룸으로 놀러 오라는 게 아닌가. 나는 기쁜 마음으로 선배의 집을 찾아갔다. 선배는 자신의 모교에 다니는 중학생에게 프랑스어를 가르치는 과외를 하고 있었다. 약속 시각보다 조금 일찍 도착했더니 과외 수업이 끝나기 전이었다.

"잠깐만 기다려."

기다리는 동안 딱히 할 일도 없고 해서 방 안을 둘러보다 세련되고 멋진 소파가 보이기에 앉아 봤다. 그런데 바로 옆에 책꽂이가 있었다. 책을 읽는 습관이 없었던 나는 책꽂이에 꽂혀 있는 책에 흥미가 있었던 게 아니라, 아직 대학생임에도 불구하고 대기업에 다니는 컨설턴트처럼 멋지게 보이려면 어떻게 해야 할까 하는 다소 경박한 관심이 일었다.

'이 선배는 과연 어떤 책을 읽는 걸까?' 하는 호기심이 생겼다. 가장 먼저 다양한 비즈니스 관련 도서가 눈에 들어왔다. 나는 그 책들을 한 권씩 꺼내 제목을 메모하기 시작했다. 어쩌면 그 당시 선배에 대한 동경이 나로 하여금 그런 행동을 하게 만들었는지도 모르겠다. 지금까지도 기억에 남는 것은 바로 이 세 권의 책이다.

■ 《피터의 원리》The Peter Principle 로렌스 피터Laurence J. Peter 지음

■ 《힘, 빼앗는 사람 뺏기는 사람》Power : How to get it how to use it
　마이클 코다Michael Korda 지음

■ 《마음의 해부학》I'm OK, You're OK 토머스 해리스Thomas Harris 지음

　그 당시 비즈니스 전문 서적과의 만남은 내게 신선한 충격이었다. 대학의 경영학과 수업에서는 맛보지 못했던 비즈니스 현장에서 벌어지는 일들이 사실적으로 그려져 있었다. 그야말로 눈이 번쩍 뜨이는 내용으로 가득했다. 나는 세 권의 책이 모두 어떤 내용인지 눈을 감고도 말할 수 있을 정도로 탐독했다.

　특히 《피터의 원리》는 나의 20대와 30대 회사원 시절에 커다란 영향을 미쳤다. 그 책의 핵심을 한마디로 말하면 '승진을 기뻐하다가는 점점 무능한 사람이 되어 간다'는 경고다. '이 정도 했으니 승진하겠지'라는 논리만으로 위로 올라가다 보면 결국에는 무능력함이 드러난다. 이 책의 표현을 빌리자면 창조적 무능을 연출하지 않으면 직책이 높아질수록 더불어 무능함이 드러나 자신과는 동떨어진 공허한 존재가 되고 만다. 이것이 조직과 일의 모순의 정체다.

　나의 데뷔작인 《처생술》処生術을 통해 주장했던, 조직 안에 있으면서도 자영업을 한다는 감각으로 일하는 '기업 내 개인', '조직 내 개인'이라는 사고방식의 근간이 되기도 했다. 그 이후 나의 직장인

인생을 규정했던 책이라고 말해도 좋을지 모르겠다. 나는 지금까지 그 책에 너무 공감했기 때문에《피터의 원리》에 대해서는 리크루트의 객원사원이 되고 나서도 여러 곳에서 그 내용을 인용하거나 소개했다. 그 결과 당시 절판이었던 이 책을 다이아몬드사ダイアモンド社에서 다시 출간하기도 했다. 새삼 다시 읽어 보니 표현이 다소 오래된 듯한 느낌을 지울 수는 없지만, 내용 자체는 여전히 지금도 유효하고 통용된다고 생각한다.

인생을 바꾸는 계기를 마련해 준 이 한 권의 책은 '어서 빨리 비즈니스의 세계에 발을 들여놓고 싶다'는 나의 마음을 부추겼다. 실제로 그 당시 나는 구직 활동을 본격적으로 시작하는 대학 4학년까지 기다리지 못하고 3학년 가을부터 회사를 찾아다니기 시작했다. 하루라도 빨리 비즈니스를 해보고 싶다는 마음이 통했는지 명함을 쥐여 주며 정장 차림으로 일할 수 있도록 아르바이트 자리를 내준 리크루트에서 졸업 후에도 일하게 되었다.

"순수문학, 읽어요?"

그렇지만 선배의 책꽂이에 있었던 책에 자극받아 계속 책을 읽었던 것은 아니다. 입사한 리크루트에서 영업 일을 했으므로 업무를 위한 자료가 필요할 때마다 책을 찾아 읽었다. 한 권의 책을 20~30분 만에 대충 훑고 키워드가 될 만한 부분만 기억하고는 마치 숙독이라도 한 것처럼 굴기도 했다.

고백하건대 필요 때문에 책을 읽기는 했어도 교양을 익히거나 인생을 풍요롭게 만들기 위해서 읽는다는 자세는 아니었다. 서른 살 무렵 업무차 어느 편집 프로덕션의 사장님과 술자리를 한 적이 있었는데 그분이 불쑥 이런 말을 꺼냈다.

"그런데 후지하라 씨는 순수문학 읽어요?"

솔직히 말하면 그때는 순수문학이라는 말의 의미조차 제대로 몰랐다. 문학 작품일 거라는 짐작은 했지만, 어떤 장르를 가리키는지 전혀 몰랐다. 책을 읽는 습관이라고는 전혀 없는, 오로지 입시만을 위해 문학사를 공부했던 청년의 입장에서 문학이라고 하면 헤르만 헤세나 나쓰메 소세키夏目漱石, 다자이 오사무太宰治 정도가 전부였다.

직감적으로 대충 얼버무려야겠다 싶어 어떤 작품을 말하는 것이냐고 되묻는 대신 "누구 작품을 말씀하세요?" 하고 물었다.

"글쎄, 요즘 같으면 미야모토 데루宮本輝나 렌조 미키히코連城三紀彦의 작품을 들 수 있겠군."

작가의 이름을 들어보기는 했지만, 물론 읽은 적은 없었다. 변명거리도 안 되는 소리를 지껄이며 대충 웃어넘겼다.

"으음, 그렇군요. 영업 일을 하다 보니 좀처럼 거기까지 손이 미치지 않아서요."

그때 사장님이 진지한 얼굴로 호되게 한마디 했다.

"순수문학을 읽지 않으면 인간으로서 성장하지 못하네."

읽지 않아서 뒤가 켕기는 마음보다 나무라는 말투에 불끈하는 마음이 더 컸다. 인간으로서 성장하지 못한다는 말이 마음에 걸리기도 했고, 유쾌한 사장님과의 대화가 재밌었기도 해서 다음 날 당장 서점으로 달려가 미야모토 데루의《파랑이 진다》靑が散る와 렌조 미키히코의《연문》恋文을 찾아 읽기 시작했다. 말이 필요 없을 정도로 무척이나 재미있었다.

순수문학이니 뭐니 따지고 자시고 할 겨를도 없이 즐거움의 하나로 홀딱 빠져들고 말았다. 그때까지도 '현대사회와 결부하여 이야기를 전개하는 소설'이 있다는 사실조차 몰랐다. 그 일을 계기로 미야모토 데루와 렌조 미키히코의 작품에 매료되어 서점에 있는 모든 작품을 찾아 읽었다. 순수문학은 현대사회를 살아가는 인간의 심상을 생생하게 담아내고 있었다.

아무리 일이 늦게 끝나 졸음이 밀려와도, 접대하느라 많이 취한 상태에서도 귀가하는 지하철 안에서는 독서 삼매경에 빠져 지냈다. 그 후부터 한 작가의 책을 집중적으로 공략하는 독서 형태가 만들어졌다. 그러는 사이 작가와 뇌를 공유하는 것 같은 생각이 들기도 했고, 소설이지만 주인공을 통해 인생과 사회를 보는 관점에 작가 나름의 경향이 있다는 것이 느껴지기 시작했다.

도서관에 가서 빌릴 수 있을 만큼 빌려 와 책상 위에 쌓아 놓고는 한 권 한 권 읽어 나가는 식이었다. 미야모토 데루와 렌조 미키히코에 이어 시게마쓰 기요시重松清, 후지사와 슈藤沢周, 시마다 마사히코島田雅彦, 미야베 미유키宮部みゆき의 작품을 섭렵했다. 담담하고 수수한 필체의 작가로는 다카하시 가즈미高橋和巳를 꼽을 수 있다. 그의 저서《자슈몽》邪宗門 등은 종교 이야기를 통해 인간의 추악한 측면과 함께 인간의 본질을 놀라울 정도로 잘 파헤치고 있다. 표현이 다소 굼뜨고 미온적으로 느껴시기도 하지만 중후한 작품을 거뜬히 소화해 내는 것은 그만큼 독서력이 축적되어 있다는 말일 수도 있다.

당시는 그저 아무 생각 없이 무아지경으로 잇달아 책을 집어 들었는데 이제는 알 것 같다. 나는 그 작품들을 통해 현대사회의 공기와도 같은 미묘한 흐름을 느끼고 있었다. 아니, 그보다 실제로 그런 공기를 느꼈다고 해도 말로 표현하지 못하는 초조감이 있었다. 그리고 내가 그렇게 책에 열중했던 이유는 누구나 느끼는 공기를 말로 표현해 내는 작가와 작품에 대한 존경심의 발로였던 것 같다. 그 어떤 작품도 모두 현대사회를 살아가는 개인이 껴안고 있는 고민과 부조리를 잘 담아내고 있었기 때문일 것이다.

내가 작가를 선택하는 특별한 기준은 없었다. 그저 직감에 따라 선택하거나 잡지나 신문에 실린 서평을 보고 선택하기도 했다. 그 전후에 전설의 편집자로 불리는 마쓰오카 세이고松岡正剛와의 만남도 있었다. 머릿속에 엄청난 분량의 책이 들어 있는 마쓰오카와 대화를 나누면서 등장하는 작가들을 기억해 두었다가 바로 그 책을 사서 읽는 식이 반복되었다. 다만 그때는 책을 읽는 습관이 막 붙기 시작한 즈음이라 책의 내용을 제대로 이해했는지 자신 있게 말할 수는 없을 것 같다.

병을 얻으면서 책과
마주하게 된 시간

순수문학 작품에 눈을 떴을 무렵 나는 리크루트의 정보 네트워크 부서를 지휘하고 있었다. 하루는 부서의 연회 행사를 주관하게 되었다. 참가자 전원에게 수영복을 지참하고 저녁부터 도쿄 프린스 호텔의 풀장으로 모이도록 알렸다. 참가자들은 한 손에 커다란 맥주잔을 들고 왁자지껄 떠들다가 때로는 풀장에 뛰어들어 수영을 하기도 했다. 그렇게 흥겨운 시간을 보내고 나서는 택시를 나눠 타고 시부야에 있는 풀장이 달린 호텔을 통째로 빌려 초밥을 배달시켜 파티를 열었다.

다소 어처구니없는 연회 행사가 끝난 다음 날 아침, 집에서 자다가 몸을 살짝 틀었는데 천장이 빙그르르 도는 것 같았다. 그동안 수차례 숙취로 고생했던 경험이 있었지만, 그날은 여느 때와는 다른 느낌이었다. 속이 안 좋아서 화장실에 가서 앉았다가 일어서려는 순간 이번에는 화장실 문이 돌았다.

'벌을 받았나?'

마침내 뇌에 이상이 왔구나 싶었다. 일어서거나 머리를 살짝 흔들기라도 하면 눈앞에 보이는 것들이 전부 빙빙 돌았다. 사람은 눈 앞에 보이는 사물이나 주변 환경에 따라 자세를 제어하는 습성이 있어서 아차 하는 순간 풀썩 넘어지기도 했다. 나중에 들은 얘기로는 증상이 더 심해지면 곧게 뻗은 도로가 구불구불해 보이거나 고층 빌딩이 덮쳐 오는 듯한 환각까지 나타난다고 했다. 나는 당장 병원으로 달려갔다. 하지만 검사를 해도 원인을 알 수 없었다.

"피로가 쌓여서 그럴 수도 있습니다. 일단 비타민제를 처방해 드리지요."

실로 애매모한 진단이 내려졌다. 사람은 확실한 병명을 모르면 막연한 불안감을 느낀다. 일주일 정도 병원 몇 곳을 돌았지만 똑같은 얘기만 들었다.

"이비인후과에 가봐야 하는 거 아닌가?"

누군가의 조언으로 마지막에는 이비인후과를 찾아갔다.

"아아…… 현기증이네요. 당분간 매일 오셔서 주사를 맞으셔야겠어요."라며 즉각 처치를 해주었다. 반고리관 부근을 마비시키는 주사라고 했다. 그렇게 해서 현기증은 사라졌고 병명은 메니에르병이라는 난치병이었다. 결국 그로부터 5년 정도 후유증에 시달리다 유럽으로 건너간 후 스트레스를 받지 않게 되면서 겨우 나아졌다. 하지만 메니에르 증세가 나타난 이후에는 업무차 접대 자리에 나가서도 중간에 먼저 일어나야 하는 일이 많았다. 오랜 시간 접대를 하다 보면 현기증이 시작됐기 때문이다. 그래서 대체로 밤 9시나 10시쯤이면 귀가했다.

그 전후로 리크루트 사건이 터지면서 접대 골프 금지령이 떨어졌고 그 참에 골프도 그만두었다. 회사원이 접대도 골프도 안 하면 시간이 많이 생긴다. 몸이 아프고 더불어 회사에 일어난 사건으로 인해 뜻하지 않게 책을 읽는 시간이 많아졌다. 메니에르 증세가 발병하지 않았다면 매일매일 격무에 시달리고 그에 따른 출세가도를 달렸겠지만, 병이 나면서 나의 인생은 180도 달라지고 말았다.

일에 몰두했던 시기도 그 나름 의미 있고 충실하게 지냈지만, 메니에르병을 얻은 후에는 그전에는 미처 몰랐던 독서를 즐기는 인생이 있다는 사실을 마침내 깨달았다.

자신만의 의견을
만들어 내기 위한 독서

동기야 어떻든 독서하는 시간이 많아지면서 내 안에 큰 변화가 생겼다. '자신만의 의견을 만들어 내기 위한 독서'라는 관점이다. 메니에르 증세가 나타나기 전에는 남보다 영업 실적이 좋기도 해서 상당히 제멋대로였다. 영업에 관해서 이렇게 해야 한다고 생각한 것을 고객에게도 강력히 주장할 수 있었다. 수억 엔에 이르는 대규모 프로젝트에서도 내가 제시한 의견을 반드시 통과시켜야 한다고 생각했으며, 실제로 통과되는 경우도 많았다.

하지만 영업사원으로 유능하다는 것과 사회에 대해 자신만의 의견이 있다는 것은 차원이 다른 얘기다. 예를 들면 다음 두 가지 의견의 입장이 전혀 다르다는 점을 쉽게 알 수 있다.

"이번 사례에서는 이렇게 하고 싶습니다."

"사회 전체적 흐름에서 볼 때 이렇게 하는 편이 좋지 않을까요?"

사실 나는 후자와 같은 의견 표명에 강한 콤플렉스를 가지고 있었다. 그 당시에는 왜 그런 콤플렉스를 느끼는지 그 이유를 잘 몰랐지만 지금은 잘 안다. 바로 교양이 없었기 때문이라는 것을 솔직히 고백하는 바다. 리크루트 시절 구라타 마나부倉田学라는 동료가 있었다. 《프롬 에이》FromA 《에이비 로드》AB-ROAD 《자란》jalan 《게이코

와 마나부》ケイコとマナブ《아루쟝》あるじゃん 등 리크루트의 기둥이 되는 정보지를 잇달아 창간한 전설의 편집부장이다. 당시 나는 구라타로부터 아직도 뇌리에 깊게 남아 있는 이 한마디를 들었다.

"나는 말이야, 책을 안 읽는 사람하고는 상대하고 싶지 않더라고."

구라타가 회의에서 내놓는 의견은 언제나 세상의 흐름을 정확하게 포착한 수긍이 가는 내용이었다. 특히 1988년 일본 최대의 정치 자금 스캔들이었던 리크루트 사건 직후 어려운 상황에 놓인 회사가 어떻게 처신해야 할지, 어떻게 대응해야 할지 그런 부분을 논리적으로 말할 수 있는 사람은 구라타와 같은 편집부 사람들이었다. 하지만 나는 그런 의견을 가지고 있지 않았다.

그때는 '크리티컬 싱킹'이라는 말조차 몰랐으며 비판적인 정신이라고는 손톱만큼도 없었다. 그래서 편집부에 근무하는 사람들에 대해 강한 콤플렉스를 갖고 있었다. 이 열등감을 극복하기 위해서는 식견을 넓혀야 했다. 물론 책 한 권을 읽는다고 해서 그 즉시 효과가 발휘되는 것은 아니었다.

식견이라는 것은 축적 외에는 다른 방법이 없다. 어느 일정한 선을 넘지 않는 한 자신의 의견을 정립하고, 그것을 제시할 정도는 되지 못한다. 결국 자신을 바꾸기 위해서는 책을 읽고 식견을 축적할 수밖에 없었다.

대화에 끼려면 무조건
책을 읽는 수밖에 없다

내 나이 서른세 살 때 리크루트 출판이라는 관련 회사를 없앤다는 얘기가 여기저기서 들려왔다. 리크루트 출판은 취업과 진학 관련 서적을 꾸준히 출간해온 출판사다. 당시 미디어 디자인 센터의 부장을 맡고 있었던 나는 경영진에게 출판사를 맡겨 달라고 요청했다. 당시 유행하던 말을 빌리면 멀티미디어형 출판사로 새롭게 탈바꿈하고 싶었다. 그렇게 해서 코믹이나 게임 소프트 등을 폭넓게 출판할 생각이었다.

회사 이름을 '미디어팩토리'로 정하고 첫해에 25권의 신간을 다섯 가지 시리즈로 출간한다는 프로젝트를 승인 받았다. 그 안에는 미디어팩토리의 주축이 될 코믹 에세이라는 장르도 포함되어 있었다. 후에 출판사의 압도적인 주요 수입원으로 자리매김하게 된 케라 에이코けらえいこ의 《적나라한 결혼생활 신혼편》セキララ結婚生活이나 《적나라한 결혼생활 결혼편》たたかおう御良お嫁さま이 바로 코믹 에세이다. 케라가 《아따맘마》あたしンち로 큰 성공을 거두기 2년 전의 일이다.

또 하나의 화젯거리는 나카타니 아키히로中谷彰宏의 기용이었다. 나카타니는 다이아몬드사에서 출간한 《면접의 달인》面接の達人 시리즈로 성공을 거두었지만, 에세이에 관해서는 전혀 모르는 신인이

었다. 그런 나카타니가 쓴 '일과 사랑과 인생에 관한 한마디의 말 시리즈'를 열 권이나 동시에 하드커버로 간행한다는 무모한 계획도 있었다.

그런데 출판사 창업에서 결과적으로 3년간 큰 적자를 냈다. 사업을 시작해 일정 궤도에 올라서는 것도 쉽지 않은데, 출판사 경영자로서 책에 관해 아무것도 모르는 아마추어였던 나는 그 당시 상황을 떠올리면 얼굴이 붉게 달아오른다. 작가나 편집자와 기획 회의를 해도 서로 의견이 맞지 않았고 그들의 대화에 전혀 낄 수 없었다.

미디어팩토리의 경영을 계기로 1년에 100권 이상의 독서를 결심한 이유는 작가나 편집자와 말이 잘 통했으면 싶어서였다. 늦게나마 이때부터 본격적으로 독서의 길이 열렸다. 그전까지는 경원시했던 아쿠타가와상이나 나오키상 수상작에도 손을 뻗게 되었다. 어려워 보이는 책이나 좀처럼 손이 안 가는 철학적인 책도 대충이나마 읽었다. 출판 비즈니스에 필요해서라는 일종의 불순한 동기가 있었지만, 어찌어찌 1년에 100권 정도의 책을 읽는 습관이 몸에 뱄다.

여러 가지 장르를 닥치는 대로 읽는 스타일이었지만, 가령 만원 지하철 안에서 책을 읽다가 심금을 울리는 문구를 발견하기라도 하면 책에 밑줄을 긋고 나중에 워드프로세서(당시)로 입력해서 기록하는 등 책의 세계에서 많은 정보와 가치를 얻고 축적할 수 있었다.

독서가 생활의 일부가 되면서 나타난
인생의 조감도

사실 미디어팩토리를 경영하기 시작할 무렵 나 자신의 미래에 대해서도 초조함 같은 것이 있었다.

'지금 이대로라면 40대가 되어도 나만의 의견이라고는 없는 상태로 끝날 것 같다.'

'내가 추구해야 할 주제를 찾을 수가 없다.'

업무에서만큼은 내게 주어진 추세에 내해 빠른 속도로 치리히고 고객을 설득하고 밀어붙이는 추진력과 업무 수행 능력이 있었다. 하지만 세상과의 관련성을 지켜본 후 개인으로서 자신이 서 있는 위치를 결정하는 '인생 전략'에 관해서는 아무래도 부족한 느낌이 있었다. 그런데 독서가 생활의 일부가 되면서 내면에서 변화가 일어났다.

다름 아니라 '인생의 조감도'가 보이기 시작했다. 물론 조감도를 얻고자 책을 읽었던 것은 아니다. 많은 독서를 통해 타인의 뇌 조각을 연결하다 보니 결과적으로 조감도가 보이기 시작했다는 게 더 정확한 표현일 것이다. 사람은 누구나 부족한 부분을 가지고 있기 마련이다. 그런데 자신의 부족한 부분이 무엇인지 모르는 사람이 많다. 현실을 그냥저냥 살아가는 것으로는 알아차리기 쉽지 않다. 어떻게 하면 그 부족한 부분을 깨달을 수 있을까. 아마도 그 힌트는 책 안에 있을 것이다.

책을 통해 다양한 인물의 관점을 손에 넣을 수 있다. 다시 말해 거대한 롤플레이를 할 수 있다는 얘기다. 그런 시뮬레이션을 반복함으로써 인생을 조감할 수 있게 된다. 인생을 평평한 곳에서 바라보면 현재 나아가고 있는 하나의 길밖에 안 보인다. 하지만 높은 곳에서 전체 인생을 바라보면 그 옆에 나 있는 다른 길도 보인다.

이에 대해서는 나의 베스트셀러《마흔, 버려야 할 것과 붙잡아야 할 것들》坂の上の坂이라는 책에서 자세히 기술했듯이 인생의 산은 하나가 아니다. 인생의 후반을 향해 하나의 큰 산을 넘어가는 이미지가 아니라, 쭉 이어진 여러 개의 산을 올랐다 내려갔다 하면서 마지막까지 산을 만들어 나가야 한다.

하지만 인생 후반에 여러 개의 산을 오르락내리락할 생각이라면 일을 통해 오른 가장 중점이 되는 산과는 다른 산을 인생의 전반이나 중반부터 만들어 둬야 한다. 그 산을 구축하기 위해 25세에서 55세까지의 30년간 조직에서 일하는 주축과 달리 왼쪽에 두 개, 오른쪽에 두 개 정도 각기 다른 커뮤니티에 자신이 설 자리를 만들어 두는 것이 필요하다.

지역사회의 커뮤니티든 재난지역 지원을 위한 커뮤니티든 철도 동호인 커뮤니티든 상관없다. 그 밖에 테니스, 클라리넷, 장기, 바둑 등 다양한 커뮤니티가 있을 수 있다. 누구든 1만 시간을 투자해서 몰

독서를 통해 인생의 조감도를 획득한다

독서 습관이 생기기 전

인생 = 일

일이라는 하나의 길밖에 보이지 않고, 도망칠 곳도 없고
오로지 벽을 계속 넘는 수밖에 없다

독서 습관이 생긴 후

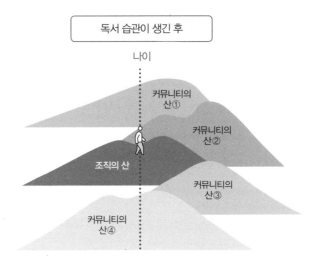

여러 개의 산(새로운 시점)을 오르면 또다시 산을 조감할 수 있게 된다

두하다 보면 그 나름의 산이 형태를 갖추게 될 것이다.(자세한 내용은 권말에 소개하는《아웃라이어》Outliers의 서평을 참조하기 바란다.)

산이 형태를 갖춘다는 말은 커뮤니티 안에서 자신이 설 자리가 확보된다는 것을 의미한다. 1만 시간이라고 하면 대략 5~10년쯤이다. 그리고 주축이 되는 일을 하면서 그 옆을 달리는 커뮤니티에서 교류와 소통을 계속해 나가는 것이 중요하다. 인생의 후반전을 위해 각 커뮤니티의 산을 더욱 크게 키워 나가고 싶다면, 교류와 소통의 양을 늘릴 필요가 있다. 만약 산의 환경을 좋게 하려면, 교류와 소통의 질을 높일 필요가 있다.

또한 자신이 속한 커뮤니티에서의 교류와 소통을 충실하게 하기 위해서라도 독서의 축적이 효과적이다. 자신이 일하는 조직 사회에서만 단선적으로 살기보다 몇몇 커뮤니티에 참여하여 복선적으로 사는 관점을 가져야 한다. 인생에서 이런 조감도적 시점을 갖지 못하면 조직에서 조그마한 일로도 궁지에 몰려 시야 협착에 빠지게 되는 위험에서 빠져나갈 수 없다.

단선적인 시야에서 보였던 구조선이 갑자기 사라지는 순간, 때로는 세상에서 모든 구원이 없어져 버리기라도 한 듯한 착각을 느끼기도 한다. 그럴 경우 자살이라는 극단적인 선택을 하는 경우도 있을 수 있다. 한편 조감도가 보이게 되면 전략을 바꿀 수도 있고 빠져나갈 길도 찾을 수 있다.

나 역시 메니에르 증세가 발병하면서 회사라는 인생의 주축에서 일단 퇴각할 수밖에 없는 상황에 부닥치게 되었다. 그때 독서량을 축적함으로써 조감도를 볼 수 있는 풍성한 시야를 획득할 수 있었고, 때와 장소에 따라서는 비즈니스의 최전선에서 이탈해도 상관없다고 하는 심리적 여유를 얻을 수 있었다.

양이 질로 바뀐다, 300권 돌파

3년간 해마다 100권의 책을 읽으면 300권이 된다. 독서량이 300권을 넘어서면서부터 하고 싶은 말이 넘치기 시작했다. 세상에 존재하는 다양한 사상을 접하다 보면 자신도 뭔가를 이야기하고 싶어지는 모양이다. 그래서 맨 처음 시작한 것이 자신의 의견을 적어 나가는 변변찮은 작업이었다. 처음에는 두세 줄 정도의 메모를 끄적거리다가 마침내 1,000자 정도의 잡문을 썼다. 요즘 같으면 블로그에 글을 올리는 정도의 느낌이라고 할 수 있을 듯하다.

교육학자 사이토 다카시斎藤孝 선생은 "독서는 글자로 샤워하는 것이라고 할 수 있는데, 일정량이 넘어가면 직접 글을 쓰는 계기가 된다."고 말했다. 나의 경험으로도 그랬다. 책 한 권이 대충 200쪽이라고 했을 때 300권을 읽을 경우 6만 쪽이 되고, 1쪽이 600자라고 하면 3,600만 자라는 계산이 나온다. 그야말로 글자로 샤워한다는 표현이 나올 만도 하다.

누가 부탁한 것도 아닌데 계속 써나갔던 에세이가 70편 가까이 모아졌다. 그것을 한데 모아 《라이프 디자인 혁명》ライフデザイン革命 이라는 제목을 붙이고 간이 제본을 해서 100부를 인쇄했다. 그러고 는 리크루트에 적을 두면서 런던대학 비즈니스 스쿨 객원 연구원으로 가족과 함께 런던으로 떠나기 직전 동료들과 부하 직원, 친구에게 나눠 줬다. 읽고 나서 의견이나 감상을 적은 후 가까운 사람에게 돌려 많은 사람이 읽어 볼 수 있게 해달라는 부탁과 함께 말이다.

A4판으로 본문 주변에 여백이 많았으므로 글을 써넣을 공간은 충분했다. 마쓰오카 세이고의 얘기로는 예전에는 모두 그렇게 감상문이나 의견을 연가처럼 책 여백에 쭉 써넣으면서 귀중한 책을 돌려 읽었다고 하니, 그런 옛날의 지혜를 빌려 보자는 생각이었다.

2년 4개월간의 유럽 생활을 마치고 귀국했을 때 열여덟 명의 손을 거쳐 다시 주인 품으로 돌아온 책이 한 권 있었다. 리크루트 홍보실 시절 부하 직원이었던 고가와 아사코小川朝子가 자신의 남편과 아버지를 시작으로 동료 열여섯 명에게 읽게 하여 감상문까지 받아 놓았다. 그렇게 글을 증식시킨 책이 다시 내 품으로 돌아올 거라고는 기대하지 않았기에 너무 감격스러웠다.

사실 나의 데뷔작인 《처생술》은 70퍼센트가 이 《라이프 디자인 혁명》에 썼던 원고이고 나머지는 유럽에 체류하면서 써두었던 내용을 더한 것이다. 돌고 돌아 다시 글쓴이의 품으로 돌아온 자비 출판 책이라는 점이 흥미로웠는지 같은 연배의 편집자인 신초샤新潮社의 데라지마 데쓰야寺島哲也가 관심을 보여준 덕분에 출판할 수 있었다.

《처생술》은 야마이치증권과 홋카이도 쇼쿠타쿠은행이 잇달아 파산한 1997년 말에 출판했는데, 회사에 푹 젖어 있으면서도 독립적인 비즈니스맨이 사는 방식을 담은 책이라는 평판이 자자했다. 거품이 꺼지면서 사회 경제적인 분위기가 넘석해지는 와중에 회사를 관두고 리크루트 최초의 '객원사원'이 된 독특한 이력을 가진 저자의 책을 읽어 보고 싶다고 생각했는지도 모르겠다. 아니면 당시 마흔의 나이에 여섯 살, 두 살, 갓 태어난 아기까지 세 아이의 아빠인 샐러리맨이 왜 하필이면 인생에서 돈이 가장 많이 들어가는 시기에 회사를 그만두었을까 하는 흥미가 있었는지도 모르겠다.

아무튼 데뷔작은 히트작이 되었다. 그 후 나는 새로운 시대에 새로운 관점으로 인생을 살아가는 비즈니스맨을 그린 에세이스트로 잇달아 책을 출간했다.

상대방과의 거리를
좁히는 독서법

저서가 있는 사람과 어떤 업무나 프로젝트를 진행하고자 계획할 때 누구나 먼저 그 저자의 책을 읽었다는 점을 어필하려 할 것이다. 하지만 그것만 가지고는 상대방에게 무시를 당할 수도 있다. 별다른 진전 없이 "자, 그럼 다음에 봅시다!"라는 인사를 남기는 상황으로 끝날 수도 있다는 얘기다.

나는 먼저 그 저자가 쓴 책을 모두 읽는다. 그런데 작품 수가 너무 많은 경우에는 솔직히 해서는 안 되는 말이지만, 전부 읽은 척을 한다. 예를 들어 시게마쓰 기요시를 처음 만났을 때 그의 책을 20여 권 빌려 와서 그중 열 권을 읽었다. 그 안에서 인상에 남는 결정적인 대사를 외워 대화를 나눌 때 은근슬쩍 피력했다.

"이런 대사가 있잖아요?"라며 재생해서 보여주는 것이다. 그럴 경우 그저 단순히 "쓰신 책을 재밌게 잘 읽었습니다." 하는 인사로 그치는 것이 아니므로 상대방에게 강한 인상을 남길 수밖에 없다. 시게마쓰 기요시와 같은 소설가는 각고의 노력 끝에 얻어 낸 자신의 가치관을 등장인물을 통해 투영시켰을 테니, 그것을 읽은 상대방에 대해서 자신과 공유한다고 느낄 것이다.

그러므로 뭔가를 함께 해보자는 제안에 관심을 보일 가능성이 커진다. 나 역시 책을 집필하는 입장에서 확실히 그런 것 같다. 학교에서는 배울 수 없는 교훈인데, 대체로 일본인들은 첫 만남에서 방심하는 경향이 많다. 처음 만났을 때 느꼈던 마이너스 이미지는 두세 번 만나면서 불식시키려 해도 쉽지 않다. 첫 만남에서 상대방의 마음을 잡지 못하면 그것으로 끝이라고 생각하는 편이 현명하다.

이처럼 나는 책을 '나와 상대방을 관계 짓는 도구'로 사용하는 경우가 있다. 요즘은 많은 사람이 페이스북이나 트위터 등의 SNS를 통해 관계를 확인한다. 하지만 사람들과 이어지기 위해 SNS 같은 도구에 충실할수록 사람이 사람과 관계를 맺고자 하는 의욕이나 스킬을 점점 깎아 먹게 된다. 이런 사실을 알아차리느냐 아니냐에 따른 차이는 크다. 사람과 관계를 맺고자 하는 힘을 기르는 데 도구는 오히려 방해가 된다. 명함이나 페이스북, 트위터 등에 기대면 기댈수록 첫 만남에서 상대방에게 어떤 생생한 임팩트를 줄 것이냐 하는 부분에 신경이 쓰이지 않기 때문이다.

◆ 제4장 ◆

정답이 없는 시대를
열어 나가기 위한 독서

앞으로의 시대에 빼놓을 수 없는
정보 편집력

　제2장에서 성장 사회에서 성숙 사회로의 이행을 가리켜 퍼즐형 사고에서 레고형 사고로 전환하는 것이라고 설명한 바 있다. 나는 그런 변화에 대해 성장 사회에서는 오로지 '정보 처리력'이 요구되었지만 성숙 사회에서는 '정보 편집력'이 필수적인 기량으로 옮겨가고 있다고 생각한다.

　그렇다면 정보 처리력과 정보 편집력의 차이는 뭘까? 나는 강연 등에서 이에 대해 다음과 같은 그림(128쪽 참조)을 그리면서 설명한다. 정보 처리력은 정해진 세계관에서 게임을 할 때 조금이라도 빨리 정답을 찾아내는 힘을 가리킨다. 정답을 빨리 정확하게 맞히는 힘을 말한다. 이미 말했듯이 이것은 퍼즐을 빨리 완성하는 힘에 비

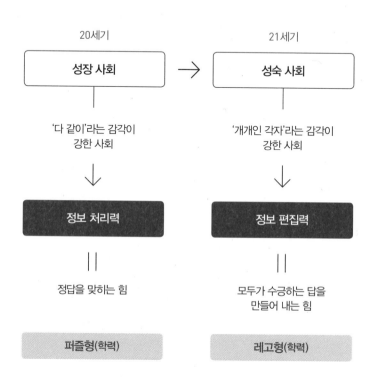

성장 사회에서 성숙 사회로의 전환

20세기

성장 사회

'다 같이'라는 감각이
강한 사회

정보 처리력

||

정답을 맞히는 힘

퍼즐형(학력)

21세기

성숙 사회

'개개인 각자'라는 감각이
강한 사회

정보 편집력

||

모두가 수긍하는 답을
만들어 내는 힘

레고형(학력)

유할 수 있다. 어느 하나의 조각을 끼워 넣을 장소=정답은 딱 한 군데밖에 없다. 그것을 어떻게 빨리 찾아내느냐 하는 '빠른 머리 회전'이 요구되는 세계인 것이다.

정보 처리력은 시험 채점에서 명확하게 점수가 매겨지기 때문에 '보이는 학력'이라 불린다. 영어로는 Textbook problem solving skills(교과서적인 문제 해결력)라고 표현한다. 예부터 일본의 교육은 이러한 정보 처리력을 단련하는 것이 중심이었다. 예를 들어 소설 《달려라 메로스》走れメロス를 소재로 한 시험에서 '귀갓길 메로스의 기분에 기끼운 것을 다음 네 개 중에서 고르시오'라는 문제가 출제되는 것이 20세기형 성장 사회의 전형적인 시험 문제였다.

이에 반해 21세기형 성숙 사회에서 요구되는 자질은 정보 편집력이다. 정보 편집력은 익힌 지식과 기술을 조합해서 '모두가 수긍하는 답'을 도출하는 힘이다. 정답을 맞히는 것이 아니라, 수긍할 수 있는 답을 스스로 만들어 내야 한다는 점이 특징이다. 모두가 수긍하는 답을 도출하는 힘이란 단순히 퍼즐 조각을 정해져 있는 장소에 넣는 것이 아니라 레고 블록을 새롭게 조립하는 것이다. 정답은 하나가 아니며 조합 방법에 따라 무궁무진하다.

그런 가운데 자기 나름의 세계관을 만들어 낼 수 있느냐 없느냐가 요구된다. 하나의 정답을 찾는 정보 처리력에서 필요한 것이 '빠른 머리 회전'이라고 한다면 정해진 답이 아닌 새로운 답을 찾아가야 하는 정보 편집력에는 '유연한 머리'가 필요하다고 하겠다.

《달려라 메로스》를 소재로 한 시험 문제의 경우도 선택지 안에서 정답을 고르게 하는 것이 아니라, '메로스가 만일 늦었다면 정말로 왕은 메로스의 친구를 죽였을까? 하는 부분에 대해 서술하시오'라는 식으로 스스로 가설을 세워 토론하게 하는 형태가 될 것이다. 명확하게 점수가 매겨지는 정보 처리력과 달리 정보 편집력은 채점이 어렵다. 따라서 보이지 않는 학력이라고도 불린다.

이는 현실 세계에서 정보 편집력을 활용해 상상력을 가동하는 힘으로 연결할 수도 있다. 예를 들면 이슬람 국가나 북한의 미래를 예측하여 자신의 직업이나 생활과 어떤 관계가 있는지 또는 앞으로 어떤 변화가 있을 것인지 예측할 수 있는 힘으로 이어진다.

또는 육아나 교육과 같은 일상의 문제에 대해 생각하거나 비즈니스에서 새로운 상품이나 신규 서비스에 관한 아이디어를 짜내거나 고객이 제기한 불만 사항에 대응할 때도 빼놓을 수 없는 힘이 된다. 성숙 사회에서 선택지의 폭을 넓혀 풍요로운 인생을 살아가기 위해서는 유연하고 창의적인 발상을 기본으로 한 정보 편집력을 빼놓을 수 없다.

정보 편집력이 중요하다고
생각하게 된 계기

　내가 정보 편집력의 중요성에 대해 깨달은 것은 리크루트에서 발행하는 정보지에 쓸 만한 새로운 분야가 없을까 모색했던 시기다.

　지금까지 리크루트에서는 다양한 정보지를 창간해 왔다. 취업 정보를 대학생이나 고등학생에게 제공하는 《리크루트 북》을 시작으로, 대학 진학에 관한 정부를 제공하는 《리크루트 진학 북》 등 초창기에는 취업과 진학에 관한 정보를 제공했다. 그 후 중도 채용 정보를 제공하는 《Being》, 여성의 취업 정보를 모아 놓은 《토라바유》とらばーゆ, 아르바이트 정보를 담고 있는 《FromA》 등으로 정보지 시장의 저변을 확대해 갔다.

　리크루트에는 기획 부문이 따로 없었다. 누구나 새로운 정보지를 기획할 수 있으며 프레젠테이션을 통해 반응이 좋으면 사업화할 수 있는 구조를 취하고 있었다.(물론 이는 현재도 마찬가지다.) 그래서 나는 항상 '새로운 분야의 정보지를 창간할 아이디어가 없을까?' 하는 고민을 하고 그런 기획을 모색하는 버릇이 있었다. 그러던 중 경영진으로부터 "자동차 분야는 큰 시장인데 뭔가 할 만한 게 없겠는가?" 하는 요청을 받았다.

그래서 자동차를 취급하는 정보지에 대해 본격적으로 고민하기 시작했다. 단, 신문에 광고를 내는 신차 정보가 아니라 중고차 정보다. 당시 중고차의 유통량(등록 대수)은 신차와 거의 같은 정도이거나 계속해서 증가하는 추세였다. 그렇게 많은 사람이 중고차 관련 정보를 원하는 데 반해 정보를 효율적으로 집약해서 제공하는 매체는 없었던 것이다.

신차는 원하는 차종과 사양이 정해지면 큰 가격 차이 없이 어디서나 구입할 수 있다. 하지만 중고차는 차종이 같아도 연식이나 주행 거리, 색상 또는 이전 차주의 사용 상태에 따라서 가치가 달라진다. 물론 차의 가격도 일률적이지 않다. 차의 상태 등에 따라 가격이 천차만별이다.

이런 시장 상황에서 비교 검토가 가능한 리크루트형 정보지는 제 기능을 발휘할 수 있다. 그래서 광고 모집도 기대할 수 있다고 판단하고 창간한 것이 바로 《카 센서》였다. 이 명칭은 '자동차(카)를 검지하는(센스)'이라는 의미로 내가 지었다. 당시 나는 《카 센서》의 사업 계획을 만들면서 정보지를 다각도로 분석한 결과를 사내용 보고서 형식으로 정리했다. '정보지의 미래'라는 제목으로 작성한 이 보고서는 정보지가 사회적으로 갖는 기능에 대한 내용을 상세하게 담고 있었다.

나는 보고서를 통해 주택이나 자동차에 한정하지 않고 물리적으로 분산된 개개의 정보를 한곳에 모아 사용자 시점에서 편집하여 정확하고 시의적절하게 제시하는 서비스가 큰 가치를 지니므로 리크루트의 수익으로 이어질 가능성이 크다는 점을 체계적으로 피력했다. 사실 그 당시는 창업자인 에조에 히로마사를 비롯해 누구도 이런 관점을 가지고 있지 않았는지 이 보고서는 커다란 반향을 불러일으켰다.

또한 《정보 선택의 시대》Information Anxiety(리처드 솔 위먼Richard Saul Wuman 지음)라는 책을 접하게 된 것도 그 무렵이었다. TED 컨퍼런스 (기술, 오락, 디자인 등 세 분야의 세계 최고 명사들이 참여하는 첨단 기술 관련 강연회—옮긴이)의 창시자이기도 한 위먼은 정보를 '이해로 이어지는 형태가 된 것'이라고 정의했다. 정보를 내보내는 발신자 입장인 리크루트가 사용자의 '이해로 이어지는 형태로 만드는' 게 있다면 그것은 무엇일까? 그런 생각을 하던 즈음 이 책의 번역자인 편집공학연구소의 마쓰오카 세이고를 만나게 되었다. 마쓰오카는 내게 이런 말을 했다.

"20세기에 이미 모든 요소가 다 나왔습니다. 21세기는 그 요소를 조합하는 일만 남았을 뿐입니다."

20세기 후반의 일본을 견인했던 주역은 요소에서 정답을 골라내는 정보 처리력이 뛰어난 인재였다. 그런데 요소가 전부 나와 있는 상태라면 앞으로의 시대는 이미 있는 요소를 어떻게 조합해서 가치를 창출할 것이냐가 문제가 된다. 즉 정보 편집력이 뛰어난 인재가 이 사회를 선도하게 될 것이다. 《카 센서》의 창간과 마쓰오카와의 만남을 계기로 나의 이런 생각은 더욱 확고해졌다.

핵심은
정보 편집력으로의 전환

정보 편집력은 요소를 조합해서 가치를 창출하는 것이므로 달리 표현하면 '연결하는 힘'을 말한다. 영어로는 'Imaginative problem solving skills'(창조적인 문제 해결력)라고 표현할 수 있다. 보통 업무 현장에서는 70퍼센트 이상의 회사원이나 공무원이 정보 처리에 속하는 일을 한다. 최첨단 IT기업에서도 최초의 발상 단계를 제외하면 프로그래밍 자체는 처리에 해당하는 업무다. 사람에 따라서는 매일같이 하는 일의 90퍼센트가 처음부터 끝까지 처리에 해당하는 업무일 수도 있다. 세무사나 회계사, 변호사가 하는 일도 그렇다.

또한 교사들도 아이들에게 정답이나 정답을 찾는 방법을 주입하여 빠르고 확실한 정답을 가르치는 정보 처리에 해당하는 일에 많은 시간을 쓰고 있다. 이런 습관이 몸에 배면 창의적인 아이디어를 내거나 유연한 사고를 하거나 자신의 미래를 그려 보고 육아를 하는 등 창의성이 요구되는 상황에서 자신도 모르게 정답 지상주의 상태로 일을 추진해 버린다. 그로 인해 자신이 원하는 바람직한 결과를 얻지 못하는 경우가 많다.

중요한 것은 정보 처리력 머리가 정보 편집력 머리로 전환되는 것이다. '발상의 전환'이라고 하면 과거에는 온·오프의 전환을 가리켰지만, 앞으로는 정보 처리력이 정보 편집력으로 전환되는 것의 의미가 강화될 것이다. 정답이 하나가 아닌 문제에 직면했을 때 정답을 하나만 구하려는 머리에서 모두가 수긍하는 답을 찾으려는 머리로 전환할 필요가 있다는 말이다.

그런데 한 가지 염두에 두어야 할 게 있다. 앞으로 정보 편집력이 중요해진다고는 하지만 정보 처리력과 정보 편집력은 자동차의 양바퀴와 같다. 따라서 교육적인 견지에서 말하자면, 아이의 학습이나 발달 단계에 따라 비율을 바꾸면서 양쪽의 능력을 균형 있게 키워 나가야 한다. 예를 들어 초등학교에서는 정보 처리력에 90퍼센트, 정보 편집력에 10퍼센트를 적용하여 먼저 기초 학력을 키워야 한다.

그러다 중학교에 입학하면 정보 처리력에 해당하는 암기 문제를 70퍼센트로 낮춘다. 나머지 30퍼센트를 정답이 하나가 아닌 문제를 중심으로 토론하거나 과제 탐구, 실험이나 실증에 힘을 실어 정보 편집력으로 채워 가며 전환하는 것이다. 고등학교에서는 절반, 대학교에서는 정보 편집력에 90퍼센트를 집중시킨다. 이런 교육 시스템으로 운영한다면 대학을 졸업하고 취업할 무렵에는 정보 편집력에 대한 기술이 제대로 갖춰질 것이다. 나는 이렇게 교육하는 편이 바람직하다고 생각한다.

최근에는 글로벌 선두 기업을 중심으로 인재 채용 시 응시자의 자질을 가려낼 때 정보 편집력을 중요시하기 시작했다. 상징적인 사례이겠지만, 전 세계의 우수한 인재가 모인다고 하는 구글의 입사 시험을 들 수 있다. 구글의 입사 시험 문제는 매우 독특하기로 유명한데 언젠가 이런 문제가 나왔다고 한다.

'스쿨버스 안에 골프공을 채워 넣는다면 얼마나 들어갈 것인가?'

이 문제에 대해 구글이 원하는 답은 하나가 아니다. 전문적이면서도 난해한 수식을 사용해 물리적으로 증명한 사람도 채용되겠지만, '스쿨버스에 타고 있는 아이들이 버스 안에 채워 놓은 공을 밖으로 내던져 버릴 테니 결국 하나도 담을 수 없다'처럼 의외의 엉뚱한 답을 제시하는 사람도 채용된다고 한다.

여기서의 핵심은 각자가 자신의 지식과 경험을 통해 주어진 문제에 대해 단시간에 모두가 수긍할 만한 답을 프레젠테이션하는 일이다. 빠른 머리 회전(정보 처리 뇌)뿐 아니라 유연한 머리(정보 편집 뇌)를 테스트하는 전형적인 사례라고 생각한다.

거품경제 붕괴 이후 일본 사회에서도 변화의 바람이 불고 있다.

자신의 능력을 발휘하는 사람 가운데 머리 회전이 유연하고 정보 편집력이 뛰어난 사람이 많은 것처럼 보인다. 단순히 암기한 지식이 아니라 경험과 자신의 생각을 더하고, 네트워크를 활용해 자신의 주변으로 자연스럽게 동료들이 모여들므로 결과적으로 좋은 성과를 낼 수 있다.

그렇다면 정보 편집력은 어떻게 키워 나갈 수 있을까? 나는 다음의 다섯 가지 응용력과 하나의 기술을 통해 그 힘을 키울 수 있다고 생각한다.

타인과 소통하는 힘을 기르는 독서

정보 편집력을 기르는 데 도움이 되는 다섯 가지 응용력 중 첫 번째는 '소통하는 힘'(다른 생각을 지닌 타인과 교류하면서 자신을 성장시키는 기술)이다. 영어로는 Communication skills(skill set needed to achieve personal growth through interactions with diverse groups)라고 표현한다. 먼저 당연한 말이지만 듣거나 읽어서 정보를 인풋하는 기술이 중요하다. 우리가 학교에서 배웠던 교과목 중에 국어와 영어가 여기에 해당한다. 단, 정보 처리력이 주를 이루는 국어

나 영어 성적이 좋아도 그것을 바탕으로 한 소통하는 힘이 없으면 정보 편집력을 키울 수 없다.

소통은 서로의 생각을 주고받는 것인데, 특히 남의 얘기를 잘 듣는 자세가 중요하다. 남이 하는 말을 제대로 들으면 자신의 생각이 진화하고 상대방과도 공감할 수 있다. 히어링 기술이 높지 않으면 타인의 뇌가 자신의 뇌와 연결되지 않으므로 자신의 생각을 상대방에게 전달할 수도 없다. 따라서 가장 먼저 상대가 하는 말에 귀를 기울여 제대로 들어야 한다. 상대방의 눈을 보면서 고개를 끄덕이거나 맞장구를 치는 것만으로도 상대에게 신뢰를 줄 수 있고 편안한 분위기에서 대화를 나눌 수 있다.

어떤 사람이든 신뢰할 수 있는 상대에게는 새로운 정보나 자기 머릿속에 있는 소중한 정보를 전달하고 싶어 한다. 결과적으로 상대의 가치 있는 정보를 손쉽게 손에 넣을 수 있다. 그런데 '남의 얘기를 잘 듣는' 기술은 독서를 통해서도 키울 수 있다. 어떤 장르의 책이라도 허심탄회하게 마주해 보자. 이때는 선입관을 배제한 '난독'이 중요하다.

또한 상대와 분야를 막론하고 잡다한 이야기를 나눌 때 필요한 다양한 분야의 정보와 지식도 독서를 통해 늘릴 수 있다. 만약 누군가와 대화를 나눌 때 말문이 막히거나 상대의 말이 이해가 되지 않는다면 분명 일반 지식과 상식이 부족하다는 것을 의미한다. 그럴 경우 대화 자체가 재미없어질 수밖에 없다. 또한 당연히 상대와 공감대를 형성하기 힘들다. 이럴 경우 독서만이 정답이 될 수 있을 것이다.

논리적으로 생각하는 힘을
기르는 독서

두 번째는 '논리적으로 생각하는 힘'(상식이나 전제를 의심하면서 유연하게 복안 사고를 하는 기술)이다. 영어로는 Reasoning skills(skill set needed to think critically and logically)라고 표현한다. 성숙 사회에서는 다양한 가치관을 가진 사람들과 어우러져 살아갈 수밖에 없다. 그렇게 모두가 공존하기 위해서는 타인이 찾아낸 모두가 수긍할 수 있는 답을 이해하거나 자신이 찾아낸 모두가 수긍할 수 있는 답을 타인에게 이해시킬 필요가 있다. 그러기 위해서는 무엇보다 논리적으로 생각할 수 있어야 한다.

또한 다양한 가치관이 공존하는 가운데 자신이 소중하게 지켜 나가고자 하는 가치의 축을 찾아내기 위해서는 어떠한 법칙이나 사회적으로 수용 가능한 대처 방법을 발견해야 한다. 그러려면 다양한 사상을 논리적으로 분석하는 힘이 반드시 필요하다. 이 힘에 해당하는 학교에서의 교과목으로는 수학을 들 수 있다. 단, 지금까지의 정확하고 빠르게 정답에 도달하는 능력과 달리 로지컬 싱킹은 다양한 가설을 생각해 내는 힘을 말한다.

그렇다면 논리적으로 생각하는 힘을 기르기 위해서는 어떻게 해야 할까?

무엇보다 자신의 행동이나 사고가 논리적인지 항상 의식해야 한다. 또 어떤 주제에 대해 자신만의 의견을 가지고 토론하거나 논리적으로 설명함으로써 획득할 수 있다. 또한 상대방의 논리로 토론의 주제를 생각해 보는 방법도 효과적이다. 자신의 생각만 주장하기보다 상대방의 의견을 이해하고 수용하여 자신의 생각을 '발전'시키는 것도 논리적으로 생각하는 힘을 기를 수 있는 훌륭한 방법이 된다.

이렇게 논리적으로 생각하는 힘을 키우는 방법과 훈련에도 독서가 큰 도움이 된다. 독서라는 것이 저자의 논리를 이해하기 위해 노력하는 행위의 연속이기 때문이다. 예를 들면 오마에 겐이치大前研一의 책을 읽으면, 어떤 한 가지 사상에 대한 그의 논리뿐만 아니라 어떻게 논리를 전개하거나 분석하는지 그 방법도 배울 수 있다.

먼저 저자의 논리를 흉내 내어 자기 나름의 생각으로 편집하는 노력을 계속하다 보면 분명 논리적으로 생각하는 힘을 키울 수 있을 것이다.

시뮬레이션하는 힘을
기르는 독서

세 번째는 '시뮬레이션하는 힘'(머릿속에서 모델을 그려 시행착오를 거치면서 유추하는 기술)이다. 영어로는 Simulation skills(skill set needed to make inferences by creating mental models)라고 표현한다. 이 힘에 해당하는 학교 교과목으로는 이과 계통의 과목들이 있다.

이과에 항상 따라다니는 것이 실험이다. 실험은 기존의 가설이나 이론이 실제로 작용되는지의 여부를 확인하거나, 기존의 이론으로는 예측하기 힘든 대상에 대해서 다양한 조건으로 측정하는 것을 말한다. 시뮬레이션하는 힘도 이와 유사한데, 자신의 머릿속에 어떤 모델을 만들어 놓고 무수한 시행착오를 거치면서 확인해 나가는 능력이다. 그런데 이 시뮬레이션하는 힘을 키우려면 항상 미래를 예측해서 행동하는 버릇을 들여야 한다.

우리 주변에서 일어나는 일상적인 상황에 대한 예측이 잘 맞아떨어지면 보통은 '감이 좋다' 내지 '운이 좋다'는 식으로 말한다. 그런데 나는 그렇게 생각하지 않는다. 어쩌면 그런 사람이야말로 시뮬레이션하는 능력이 뛰어난 것이다. 시뮬레이션이 잘되어 있을수록 예측한 내용이 맞아떨어질 가능성이 커진다. 만약 그런 사람이 되고 싶다면 방법이 없는 것은 아니다.

평소 "이런 일이 벌어졌으니 다음은 이렇게 되겠지." "이렇게 얘기하는 걸 보니 이것도 해두는 게 좋을 거야."라는 식으로 현재의 상황을 분석하고 판단해서 앞으로 어떻게 진행될 것인지 행동하는 습관을 들이면 좋다. 즉 앞을 내다보며 행동하는 것이다. 때로는 현재 이슈가 되고 있는 사건이나 사상에 대해 앞으로 어떻게 전개될지 예측하는 것을 게임 감각으로 즐겨 보는 것도 좋다.

그런데 여기서도 예외 없이 독서가 효과적이다. 자연과학계의 책은 다양한 이론이나 사상에 대해 판단할 수 있는 재료를 제공해 줄수 있으며, SF나 추리소설을 좋아한다면 일종의 취미처럼 앞으로 벌어질 일이나 사건의 범인을 찾아가는 과정을 통해 예측하는 힘을 기를 수 있다.

롤플레잉하는 힘을
기르는 독서

네 번째는 '롤플레잉을 하는 힘'(상대방의 입장에서 생각이나 마음을 상상하는 기술)을 들 수 있다. 영어로는 Empathic skills(skill set needed to imagine how others think and feel by considering their viewpoints)라고 표현한다. 롤플레잉을 하는 힘은 소꿉장난이나 영웅 놀이처럼 타인의 시점에서 세상을 바라봄으로써 키울 수 있다.

예전에는 아이들이 유아기나 초등학교에 입학한 저학년까지 소꿉장난이나 영웅 놀이를 많이 했다. 그런데 이 소꿉장난이 롤플레잉을 익히는 데 훌륭한 학습 활동이 된다. 엄마 역할을 맡아 연기함으로써 그 역할을 주의 깊게 살피거나 이해할 수 있다. 마찬가지로 가족 구성원의 역할을 연기함으로써 가정에서 자신의 위치를 확인하는 것으로 이어지기도 한다.

롤플레잉은 이처럼 사회라는 복잡한 세계를 머릿속에서 정리하여 생각하는 이점을 갖는다. 그렇게 함으로써 사회에서 타인의 입장이나 역할을 효율적으로 배워 나갈 수 있다. 내가 상대의 입장이 되어 생각하는 행위는 자신의 뇌와 타인의 뇌를 연결하는 것과 같기 때문이다. 실제로 취업을 하고 사회에서 일하면서 많은 사람이 이런 롤플레잉의 기술이 정말 중요하다는 사실을 깨닫게 된다.

예를 들어 영업을 담당하는 사람이 고객의 입장에서 상황을 보고 생각하지 않으면 중요한 사실을 놓치거나 보지 못할 수도 있다. 잡지 편집이든 TV 프로그램을 연출하는 감독이라면 독자나 시청자를 항상 롤플레잉해야만 판매 부수나 시청률을 올릴 수 있다.

이 기술에 가까운 학교 교과목으로는 사회 과목을 들 수 있다. 물론 연호나 역사적 사건과 사실을 외우는 것은 예외다. 사회의 다양한 구조와 역할을 배우면서 "정치가라면 어떻게 생각할까?" "경영자라면 어떤 방법으로 이 문제를 풀어 갈까?" "소비자는 무엇을 원할까?" 등 다른 사람의 입장에서 롤플레잉을 해보면 다양하고 유연한 사고를 기를 수 있다.

사건과 사물을 타인의 시점으로 바라볼 수 있게 되면 세계관이 넓어진다. 세계관이 넓어지면 생각의 폭이 넓어지고 사고가 유연해진다. 결국 타인의 시점을 획득한다는 것은 '어른이 되는 기술'이라고도 할 수 있다. 롤플레잉에 적합한 것도 역시 독서다. 우수한 논픽션이나 전기는 타인의 인생을 체험할 수 있는 이야깃거리다. 어떤 사건이나 역사 속에 등장하는 인물의 생각이나 입장 등을 간접적으로 체험하는 것은 롤플레잉하는 힘을 기르는 데 최적의 교재이다.

예를 들어 동일본대지진 당시 잇달아 실려 온 300명의 시신을 수습하며 봉사했던 여성 입관사의 활약을 다룬 다큐멘터리《생전 모습 복원사》おもかげ復元師(사사하라 루이코笹原留似子 지음)라는 논픽션이 있다. 이런 상황을 누구나 쉬이 경험할 수 있는 게 아니지만 책을 통해서는 가능하다. 그 책을 통해 우리는 그런 상황을 겪은 저자나 주변 사람들의 감정이나 심리 상태를 의사 체험할 수 있다.

살아가면서 수많은 일을 직접 체험할 수 있다면 재미있는 인생이 될 것이다. 하지만 거듭 강조하는 바와 같이 사람에게 주어진 시간은 한정되어 있다. 그 한정된 시간 안에 자신이 아닌 타인의 인생을 의사 체험할 수 있는 것은 독서밖에 없다.

프레젠테이션하는 힘을
기르는 독서

마지막으로 다섯 번째는 '프레젠테이션하는 힘'(상대방과 아이디어를 공유하기 위한 표현 기술)이다. 영어로는 Presentation skills(skill set needed to share ideas in a dynamic, interactive way)라고 표현한다. 소통하는 힘을 통해 정보나 이미지를 인풋하여 시뮬레이션하고 롤플레잉하는 힘으로 상상력을 증대시켜 '가설'을 설정한다. 상대방에게 그 가설을 선두시키려면 논리적으로 생각하는 힘이 절대적으로 필요하다. 하지만 논리적인 설명만으로는 상대를 설득하고 자신의 의견을 전하기가 어려운 경우도 있다.

아무리 가치가 크고 논리 정연한 생각이라도 상대에게 제대로 전달하지 못하면 그 가치가 훼손당할 수 있다. 자신의 생각을 논리적으로 적합한 정서적 표현을 통해 전달해야만 상대가 나의 의견에 동의하고 마음이 움직이기 마련이다. 자신의 생각을 상대가 제대로 이해할 수 있도록 표현하는 힘은 다양한 의견이 공존하는 성숙 사회에서는 반드시 필요한 능력이다.

이 기술에 해당하는 학교 교과목으로는 모든 실기 교과를 들 수 있다. 음악, 미술, 체육, 기술, 가정 등의 실기 교과는 자신의 감성이나 생각을 표현하는 수단이다. 체육은 신체를 통해 표현하는 프레젠테이션이다. 미술은 그림이나 조각, 디자인을 통해 자신의 생각을 표현하는 수단이 되며, 음악도 소리나 리듬을 통해 자신을 보여줄 수 있는 도구가 된다. 기술과 가정 역시 요리, 의복, 공작물을 통해 자신의 이미지를 표현하는 행위인 것이다.

프레젠테이션을 하는 힘은 상대의 뇌에 자신의 뇌 조각을 '연결하는' 일이라고도 할 수 있다. 이때 자신의 생각이나 의견을 가능한 한 솔직하게 그리고 알기 쉽고 정확하게 전달하는 기술이 필요하다. 여기서 가장 중요한 것은 먼저 '타인'을 그려 보는 것이며, 그다음으로 상대가 나와는 다른 세계관을 가지고 살아간다는 것을 이해해야 한다.

그러므로 프레젠테이션은 상대방 머릿속에는 자신과 다른 영사실이 있다는 생각으로 상대방이 이해할 수 있는 이미지를 비춰 줘야 한다. 예를 들면 A와 B라는 이미지밖에 머릿속에 없는 상대방에게 갑자기 C라는 이미지를 프레젠테이션한다면 제대로 전달되지 않을 것이다. 그럴 때는 C라는 이미지를 대신할 무언가로 C라는 이미지를 전달해야 한다. 이것이 포인트다.

즉 어떤 생각을 프레젠테이션하려면 수없이 많은 이미지를 편집하여 제시하는 능력이 필요하다는 말이다. A와 B라는 이미지밖에 머릿속에 없는 상대방에게는 A와 B와 관련한(상대방이 친근감을 가질 수 있는) 요소를 조합해서 C라는 이미지를 표현해야만 그 프레젠테이션이 성공할 확률이 높아진다.

이때 얼마나 많은 뇌 조각에 접해 왔느냐 하는 점이 중요해진다. 많은 뇌 조각을 접했던 경험이 있다면, 그만큼 이미지를 편집하여 제시할 선택지가 넓어진다. 다시 말해 프레젠테이션에 필요한 표현력 역시 독서를 통해 키울 수 있다. 연결하는 힘이 커지는 것은 상상력이 풍요로워지는 것과 같은 의미이기 때문이다.

여기서 우리가 한 가지 알고 있어야 하는 사실이 있다. 많은 프레젠테이션이 필요하고 프레젠테이션을 하는 기회가 압도적으로 많은 IT나 방송, 세임 등의 업계에서 일하는 많은 담당자가 닥치는 대로 책을 읽는 독서광이라는 사실은 잘 알려진 바와 같다.

본질을 통찰하는 복안 사고를 기르는 독서

앞서 설명한 다섯 가지 능력과 더불어 정보 편집력을 높이기 위해 반드시 필요한 한 가지 기술이 있다. 바로 '크리티컬 싱킹'이다. 크리티컬 싱킹은 말 그대로 비판적 사고력을 말하는데, 그렇다고 무조건 비판만 한다고 되는 건 아니다. 그럴 경우 매사를 부정적으로 판단하는 심술꾸러기로 보일 수밖에 없다. 영어 critical에는

'본질적' 또는 '감식안이 있다'는 의미를 내포하고 있다.

따라서 크리티컬 싱킹의 본질은 자신의 머리로 생각하여 주체적인 의견을 지니는 태도, 즉 본질을 통찰하는 능력을 말한다. 그런 의미에서 나는 크리티컬 싱킹을 '복안 사고'라고 표현하고 싶다. 사물을 단락적인 패턴만 인식하는 것으로 포착하지 않고 다면적으로 포착하는 것이다.

"뭔가 또 다른 내막이 있겠지."

"반대 시점에서 보면 전혀 다른 사실이 보일 수도……."

TV에서 뉴스를 볼 때도 앵커의 말을 곧이곧대로 받아들이지 않으며 신문을 읽을 때도 각 신문사의 논조를 무조건 받아들이는 게 아니라 다양한 각도에서 다면적으로 고찰해야 한다. 각 신문사에서는 스포츠 신문을 발행하는 경우가 많다. 거인과 한신의 프로야구 시합이 있었던 다음 날 신문 기사를 보면 거인 편 스포츠 신문과 한신 편 스포츠 신문의 기사는 헤드라인부터 기사 내용까지 매우 다르다. 시합 결과는 이미 정해졌음에도 말이다.

각각의 스포츠 신문은 특정 팀의 입장에서 경기를 바라보고 그 팀의 팬을 핵심 독자로 삼는 전략을 취한다. 따라서 기사의 논조나 관점이 180도 다를 수밖에 없다. 입장이 바뀌면 같은 사실도 이렇게 표현하는 방법이 다를 수 있구나 하는 시선으로 기사를 보면 무척 흥미롭다. 하지만 일본신문협회가 정한 신문윤리강령에는 다음과 같이 경고하고 있다.

'신문은 역사의 기록자이며 기자의 임무는 진실의 규명이다. 보도는 정확하고 공정해야 하며 기자 개인의 입장이나 신조에 좌우되어서는 안 된다. 논평은 세상에 아첨하지 말고 소신을 관철해야 한다.'

일본 방송협회와 일본 민간방송연맹이 정한 방송윤리 기본강령에도 이와 같은 취지의 내용이 있다.

'보도는 사실을 객관적이고 정확, 공정하게 전달하며 진실을 규명하기 위해 최선의 노력을 기울여야 한다.'

이렇게 제시하고 있음에도 불구하고 온갖 미디어에서는 '누군가의 생각'이라는 필터를 거쳐 정보가 발신된다. 모든 기사나 방송에는 각각의 단체나 기자 개인의 '특정 방침'이라는 필터가 씌워져 그 방침에 따른 메시지가 발신된다는 말이다. 문제는 그 기사를 읽는 독자들이 보도된 내용이 모두 공정하고 정확한 사실이라고 착각한다는 것이다. 우리는 신문에서 읽거나 TV에서 보는 내용이 누군가가 어떤 의도를 가지고 편집한 정보라는 사실을 제대로 이해해야 한다. 그러므로 가능한 한 다양한 사고방식을 접하고 자기 자신만의 의견을 지니는 것이 중요하다.

하나의 의견에는 반드시 그에 대한 반론이 있기 마련이다. 그렇기 때문에 어떤 의견을 무조건 받아들이는 것이 아니라 그것을 곱씹으면서 자신의 생각을 한층 진화시켜 나가야 한다. 복안 사고를 하는 자세를 지닐 때 비로소 생각의 두께가 두꺼워지기 시작한다. 반대로 복안 사고가 안 되는 사람은 생각이 체계적이거나 논리적이지 못하고 대충 얼버무렸다는 느낌을 지울 수 없다. 아무래도 수박 겉핥은 느낌이 든다.

자신의 생각을 진화시키는 작업은 다양한 생각을 지닌 타인과의 소통(브레인스토밍이나 토론)을 통해서도 가능하며 독서를 통해 저자의 뇌 조각을 연결하는 것으로도 발전시킬 수 있다. 독서가 복안 사고를 기르는 데 커다란 역할을 한다는 사실을 이제 이해했으리라 생각한다.

먼저 도덕 속에 갇힌
독서에서 벗어나자

독서를 통해 복안 사고를 기르기 위해서는 '도덕 속에 갇힌 독서'에서 벗어나는 것도 중요하다. 일본의 국어 교육에서 흔히 볼 수 있는 '좋은 책=인생에 교훈을 주는 것'이라는 통념을 버려야 한다. 일반적으로 국어 수업이 도덕 시간처럼 느껴지곤 하는데, 이에 대해 공감하는 사람이 많을 것이다. 왜냐하면, 특정 권위자가 정한 필독 도서를 읽고 '올바른 감상문'을 쓰게 하는 패턴이 많기 때문이다. 한편 다른 선진국에서는 보통 국어 시간이 크리티컬 싱킹을 위주로 하는 커리큘럼의 형태를 띠고 있다. 따라서 토론이 국어 수업의 중심을 이룬다.

나는 국어 시간과 관련해 생각나는 일화가 있다. 고등학교 시절 동급생 중에 미국에서 살다 온 친구가 있었다. 한번은 그 친구가 일방적으로 교사가 설명하는 일본의 국어 수업을 견디다 못해 선생님께 부탁했다.

"선생님, 제게 수업을 맡겨 주십시오."

지금 와서 생각하면 정년에 가까운 나이였던 국어 선생님도 보통 담대한 게 아니셨던 모양이다. 그 친구에게 수업을 맡겼으니 말이다. 그 친구의 주도로 이루어진 국어 수업은 어니스트 헤밍웨이의 명작 《킬리만자로의 눈》이라는 단편을 읽고 학급 전원이 토론하는 것이었다. 각자의 다양한 의견이 오가는 그 수업이 재미있어서 나를 비롯해 많은 친구들이 열띤 토론을 벌이며 흥분했다.

일본의 국어 수업은 교조적으로 정답을 밀어붙이는 일방적인 도덕 교육에서 벗어나지 않으면 복안 사고를 키우기가 어렵다. 읽어야 하는 책, 당연한 답이 아니라 책을 읽는 방법에도 다양함이 있다는 사실을 알아야 한다. '그런 생각도 있을 수 있구나!' 하고 관용적으로 받아들이면서 '만일 나라면 어떻게 생각할까?' 하고 끊임없이 자문하면서 읽어 나가도 좋다.

다양한 의견을 주고받으면서 토론하면 뇌의 시냅스가 활성화된다. 그것을 반복하다 보면 마침내 자신의 의견을 갖게 되고 타인의 다른 의견도 이해하고 수용할 수 있게 될 것이다.

어린 시절의 놀이가
정보 편집력을 기르는 열쇠다

지금까지 정보 편집력을 키우기 위해 필요한 다섯 가지 능력과 하나의 기술에 대해서 살펴보았다. 각각의 능력을 기르는 데 독서가 얼마나 중요한지에 대해서도 설명했다. 하지만 책만 읽는다고 해서 정보 편집력이 키워지지 않는다는 점을 다시 한 번 강조하고 싶다.

정보 편집력을 확실하게 내 것으로 만들기 위해서는 예기치 못한 만남이 중요하며, 그것을 일상적으로 체험할 수 있는 것이 바로 '놀이'다. 놀이의 정의에 대해서는 나의 저서 중에서 마쓰오카 세이고와 대담한 내용이 있다. 그의 말을 빌리면 다음과 같다.

"놀이에는 규칙, 역할, 도구가 있는데 각각은 주객이 뒤바뀔 가능성과 더불어 성립한다. 다시 말해 남과 자신의 역할이나 상황이 언제든 교체될 수 있다."

_《정보 편집력을 키우는 국어》情報編集力をつける国語에서 발췌

마쓰오카에 의하면 놀이에서는 반드시 불규칙한 사태가 벌어진다고 한다. 놀이를 시작하기 전에 정해 놓은 규칙이나 역할 또는 도구 중 무언가 뜻하지 않은 상황이 발생하면 전혀 다르게 전개되는 것이다. 때에 따라서는 모든 면에서 불확정한 요소가 발생하기도 한다.

예를 들어 두 팀으로 나눠 술래잡기를 하게 되었다. 모처럼 좋아하는 여자아이와 같은 팀이 되어 기분이 좋았는데, 도중에 꼬마 대장인 아이가 끼어들면서 막무가내로 좋아하는 여자아이를 상대 팀에게 뺏기는 일이 발생할 수도 있다.

또는 엄마를 깜짝 놀라게 해주고 싶어서 나무 블록을 높게 쌓으면서 놀고 있었다고 하자. 엄마가 외출에서 돌아오면 "도쿄 스카이트리를 만들었어요." 하고 자랑하려고 두근두근 설레는 마음으로 나무 블록을 쌓았다. 그런데 어린 남동생이 낮잠을 자다 깨서 모처럼 쌓아 놓은 탑을 무너뜨려 버리는 상황도 충분히 발생할 수 있다. 이처럼 전혀 예기치 못한 사태가 벌어졌다면 어떻게 대응해야 할까.

첫 번째 사례의 경우 상대 팀에게 뺏긴 여자아이를 되찾아오기 위해 친구들과 협력해서 막강한 힘을 구축하거나, 여러 명이 힘을 합쳐 꼬마 대장을 몰아붙여 방어가 약해진 틈을 타서 여자아이를 되

찾는다. 두 번째 사례에서는 나무 탑을 무너뜨린 동생을 혼내서 반성하게 할 수도 있고, 재밌는 장난감을 쥐여 주고 다른 방에서 놀게할 수도 있고 아니면 동생과 함께 아까보다 더 높은 스카이트리에도전할 수도 있다.

어떻게 대응할 것인지는 각자의 성향이나 처한 상황에 따라 다를 것이다. 그때 그 장소에서, 그 시각에 그리고 자신이 가진 수단으로부족하거나 한계가 있는 조건에서 최선이라고 생각되는 방법을 찾아 실천하는 것이 놀이의 묘미다. 바꿔 말하면 놀이는 의도한 대로진행되면 더 이상 놀이가 아닌 것이 된다. 상황이 급변하고 복잡하게 바뀌는 가운데 자신의 태도를 수정하는 능력을 시험하고, 또 그것을 즐기는 것이 놀이의 본질이라 할 수 있다.

어렸을 적 내가 살았던 공무원 주택 단지에는 건물 사이에 공원이 있었다. 공원에는 모래터와 철봉, 그네 그리고 비록 작기는 했으나 공터도 있었다. 우리 세대의 남자아이들은 툭하면 야구를 하고싶어 했다. 하지만 장소가 좁아서 제대로 된 야구를 할 수가 없었다. 그때 생각해 낸 것이 삼각 베이스(홈베이스와 일루, 삼루를 삼각으로 이어서 행하는 야구를 간략화한 놀이)다.

게다가 제대로 된 베이스가 없었으므로 나무나 돌로 표시해서 베이스를 삼았다. 공만큼은 누군가가 가지고 왔지만 방망이가 없을 때도 있었고, 그럴 때면 근처 공사장에 가서 나무막대기를 가져와 방망이 대신 사용했다. 어떤 놀이를 하든 부족한 도구는 항상 있게 마련인데, 그럴 때면 부족한 도구를 무엇으로 대신할 것인지 또 어떤 역할을 선정해서 놀 것인지 상상력을 발휘해야 했다. 어렸을 때 얼마만큼 이런 '역할 놀이'를 했느냐에 따라 정보 편집력의 기반이 마련될 수 있다는 말이다.

우리는 놀이를 통해 문제에 부닥쳤을 때 그 문제를 어떻게 극복할 것인지, 이런 위기 상황을 어떻게 모면할 것인지 고민하게 된다. 그때그때 일어나는 복잡한 상황에서 다양한 정보를 수용하고 판단하다 보면 자신도 모르게 정보 편집력이 키워진다. 또 이러한 과정을 통해 자연스럽게 일상에서 부닥치는 문제를 해결하는 능력 또한 키울 수 있다. 어떤 놀이라도 다양하고 복잡하며 변화가 풍부하다. 막상 해보지 않으면 알 수 없는 요소가 많아 늘 수정이 필요하다. 즉 '정답주의'로는 놀이를 즐길 수 없다는 말이다.

놀이는 성숙 사회에 꼭 필요한 정보 편집력의 토대가 된다. 특히 어린 자녀를 둔 독자들에게 당부하고 싶은 말이 있다. 아이가 열 살까지 얼마나 실컷 놀았느냐에 따라 아이의 상상력이 좌우된다는 사실을 절대 잊지 말자.

어른이 정보 편집력을
기르려면 어떻게 해야 할까

그렇다면 이제 신나게 역할 놀이를 할 수 없는 어른들은 어떻게 하면 좋을까? 물론 어른이 되고 나서도 정보 편집력을 키울 수 있는 방법은 있다. 그중 하나가 '여행'이다. 그런데 가이드가 이끄는 대로 관광지를 둘러보는 판에 박힌 패키지 투어는 의미가 없다. 자신이 일정과 숙박, 교통수단 등을 모두 직접 짜는 여행을 말하는 것이다. 자신이 직접 여행을 편집해서 체험하다 보면 난감하거나 위기의 순간 등 다양한 상황에 맞닥뜨리게 된다. 전혀 예측할 수 없는 상황에 굳이 자신을 밀어 넣어 보는 것이다. 그런 상황에서 스스로 대처하는 경험을 통해 아이들의 놀이에서와 같은 체험을 할 수 있다.

나는 학창 시절에 유럽 여행을 한 적이 있다. 대학교 2학년 때 아르바이트를 해서 모은 돈으로 47일간 여행을 떠났다. 태어나서 처음으로 비행기를 탄 체험이기도 했다. 친구와 둘이서 여행했는데, 대부분의 일정을 내가 직접 짜서 유레일패스로 유럽 곳곳을 돌았다. 그런데 여행을 마치기 일주일 전에 갑자기 예기치 못한 사건이 일어났다. 로마에서 철도 파업을 하는 바람에 우리가 타야 하는 침대차가 홈에 정차한 채 움직이지 않았다. 파업으로 운행이 중지되었으니 침대차는 텅 비어 있었다.

나와 친구는 그 동안의 일정으로 지쳐 있는 상태였다. 그날은 더는 움직일 기력도 없어서 정차해 있는 침대차에서 하룻밤을 지내기로 했다. 모처럼 실컷 잠이나 자자 하는 생각으로 한 칸씩 차지하고 잠자리에 들었다. 그 침대차에는 우리 말고도 미국인 커플이 한 팀 있었다. 너무나 피곤했던 나머지 깊은 잠에 빠졌는데, 다음 날 아침 눈을 떠보니 가방 두 개가 모두 사라지고 없었다. 당연히 가방 안에 넣어 두었던 여권이며 여행자수표도 모두 도둑맞았다.

여행을 떠나면서 그날까지 여권과 여행자수표만큼은 조심 또 조심하며 어머니께서 만들어 주신 주머니에 넣어 복대 안에 넣고 다녔는데, 하필이면 그때는 침대차에서 자고 싶다는 마음에 가방 안에 넣어 둔 것이 잘못이었다. 완전히 방심하고 있었다. 옆 칸에서 잤던 친구도 가방을 도둑맞았지만, 여권만은 몸에 지니고 있었기에 무사했다. 미국인 커플의 경우는 입고 있던 청바지가 찢기고 주머니에 넣어 둔 돈도 없어졌다고 했다. 어쩌면 네 사람이 한곳에서 잤더라면 벌어지지 않았을 일인지도 모른다. 하지만 뒤늦게 후회해 봤자 소용없는 일이었다. 즉시 여권을 다시 발급 받기 위해 일본 대사관을 찾아갔다.

"그래도 무사해서 다행입니다. 만약 깨어 있었다면 살해당했을지도 모르거든요."

가방을 도둑맞은 상황에 대해 설명하자 대사관 직원이 말했다. 그

때까지는 아무것도 몰랐는데 당시 로마는 매우 위험한 도시였다. 때로는 살인 사건까지 일어나는 중앙역에서 산다는 것은 자살 행위나 다름없었던 모양이다. 일본에서 멀리 떨어진 해외, 어떻게 해야 할지 난감한 상황 속에서 경찰서에 신고하고 대사관을 찾아가고 여행사 주재원과 영어도 안 통하는 호텔 직원을 상대로 머물 곳과 귀국 비행기 편을 알아보는 동안 될 대로 되라는 심정이었다. 정말이지 지옥 같은 상황에서 괜스레 신을 원망하기도 했다.

그런데 지금 와서 생각해 보면 그런 사건을 체험함으로써 한 단계 성숙해지지 않았나 싶다. 만약 목숨을 잃었더라면 본전치기도 못한 일이 되었겠지만, 극한 상황이나 전혀 예상하지 못했던 상황을 체험함으로써 변화하는 상황에 대처하는 기술을 갈고닦을 수 있다. 위기에 처했을 때 인간은 머릿속의 모든 지식과 경험을 연결하고 편집해서 최선의 대책을 생각해 내고자 한다. 극한 상황을 체험하는 것에 관해서는 미디어팩토리에 있었을 무렵, 평론가인 니시베 스스무西部邁 선생으로부터 재미있는 이야기를 들은 적이 있다.

"남자가 제정신을 차리려면 병에 걸려 죽기 직전의 상황까지 가 보거나 독방에 들어가 앉아 말없이 정신을 모아 깊은 생각에 잠겨 보거나 전쟁에 나가는 수밖에 없다."

니시베 선생이 하고자 했던 말은 인간이 인격적으로 성장하려면 그만큼 강한 충격이 필요하다는 얘기다. 일이 조금 힘들다거나 지옥 같은 연수에 참가하는 정도로는 가치관이 갑자기 변하지 않는다. 반나절만 지나도 원래 상태로 되돌아오고 만다.

한편, 죽음은 유한한 존재인 인간에게는 궁극의 극한 상황이다. 암을 선고 받은 사람의 체험담을 읽어 봐도 죽음을 눈앞에서 의식함으로써 세상이 전혀 달라 보인다고 한다. 물론 엄청난 공포감이 밀려왔겠지만, 운 좋게 거기서 되돌아올 수 있다면 아마도 그때까지 자신이 가지고 있었던 지식 체계와는 전혀 다른 편집이 뇌 안에서 일어날 것이다. 아이들의 놀이, 어른의 여행 그리고 극한 상황에 직면해 보는 것 등은 독서와 더불어 정보 편집력을 더욱 강화시키는 계기가 될 것이다.

책은 고독을 견디면서 읽는
모바일 단말기

책을 쓰는 작가는 좀처럼 할 수 없는 경험을 하거나 깊이 연구하고 하나의 주제를 깊이 파고들어 그 분야에서 전문가가 된 사람이다. 그 전문가가 끊임없이 연구하고 탐구해서 표현한 한 권의 책은 저자의 뇌 조각에 접속하기 위한 단말기다. 게다가 책은 휴대가 간편하고 언제 어디서나 읽을 수 있는 단말기인 것이다. 충전이 소모될 걱정도 없고 접속 속도도 읽는 이의 자유다. 대충 훑어볼 수도 있고 곰곰이 사색하면서 읽을 수도 있다. 또 앞에서 뒤로 왔다 갔다 읽을 수도 있고 중간부터 들여다볼 수 있다.

독자의 뇌 안에 원래부터 있었던 정보와 새로 인스톨한 저자의 뇌 조각이라는 정보가 섞여 뇌 안에서 정보가 편집된다. 즉 저자의 세계관과 독자의 세계관이 화학변화를 일으킴으로써 재편집되어 새로운 세계관이 탄생한다. 독서가 세계에 대한 견해를 넓히고 자기편을 증가시키는 것으로 이어진다는 것은 바로 이를 두고 하는 말이다. 책을 '모바일 단말기'라고 부를 수 있는 오늘날의 형태가 된 것은 500년도 전의 일이다.

인간의 얼굴에는 눈이 있고, 양손은 앞쪽으로 자유롭게 움직인다. 그런 인간의 신체 구조에서 한 손으로 잡고 또 한 손으로 책장을 넘길 수 있는 현재와 같은 형태가 최선이었을 것이다. 언어의 차이에 따라 가로로 쓰인 책, 세로로 쓰인 책, 오른쪽으로 책장을 넘기는 책, 왼쪽으로 책장을 넘기는 책 등 차이는 있지만, 가장 합리적인 형태라는 점에서는 전 세계적으로 다를 바 없다.

요즘은 전자책도 밑줄을 그을 수 있고 모르는 단어를 바로 사전에서 찾을 수 있는 등 나날이 수준이 높아지고 있다. 하지만 여전히 종이책이 사라지지 않고 남아 있다는 것은 저자의 뇌 조각을 흡수하는 도구라는 관점에서 볼 때 종이책이 매우 효과적인 도구라는 방증이 아닐까. 아마존 '킨들' 개발자인 제이슨 머코스키Jason Merkoski도 자신의 저서 《무엇으로 읽을 것인가》Burning the Page에서 다음과 같이 말했다.

"책은 얼굴을 가리고 싶을 때 또는 의자나 책상 다리가 흔들릴 때 받침대로 사용할 수 있기만 한 것이 아니다. 먼저 가격, 제조 원가, 정보 전달 효율성의 균형이 매우 뛰어나다. 소형 노트북이나 태블릿 PC

등 무게가 비슷한 다른 정보 도구와 비교해도 손색이 없을 만큼 책의 저렴한 가격과 제조원가는 상당히 우수하다."

이처럼 고도로 합리적인 책이라는 단말기를 1,000~3,000엔 정도로 손에 넣을 수 있다. 200쪽 전후에 담긴 방대한 지식 덩어리를 겨우 1,500엔 손에 넣을 수 있다는 점을 감안할 때 그 투자 효율은 상당히 높다. 또한 책은 다 읽고 나면 성취감이 있다. 특히 종이책의 경우 책갈피나 책에 붙어 있는 가름끈을 책장과 책장 사이에 끼움으로써 여기까지 읽었다고 하는 성취감을 직접 눈으로 확인하고 실감할 수 있다. 또는 대여섯 권의 책을 읽고 나서 책상 한구석에 쌓아 놓으면 물리적인 감각으로 읽은 양을 느낄 수도 있다.

물론 전집이나 시리즈물 등은 전부 읽기까지 그에 상응하는 인내심이 필요하다. 시오노 나나미塩野七生의 《로마인 이야기》와 같은 장대한 시리즈물은 재미는 있지만, 마지막까지 읽으려면 상당한 각오가 필요하다. 하지만 그래서 더더욱 인내력이 생기는 것이다. 나는 읽는다는 행위에 대한 인내심이라는 측면에서는 전자책보다 종이책 쪽이 훨씬 더 실감할 수 있다고 생각한다.

예전에 나는 프랑스에서 살았던 적이 있다. 그때 프랑스인에게는 절대적으로 고독한 인생관이 깊게 가로 놓여 있다는 생각을 했다.

"인간은 생명을 얻고 죽음을 맞이할 때까지 결국 타인과 완전하게 서로를 이해할 수는 없다."

이것이야말로 21세기형 성숙 사회에서 공통적으로 존재하는 기본 인식이 아닐까. 온종일 인터넷에 접속해 있지만 말고 인터넷을 차단하여 '독립' 상태가 되어 보는 것이 중요하다. 고독을 견디는 훈련이 되기도 하니까 말이다. 나는 일하는 장소와 다른 곳에서 책을 읽는다. 그곳에는 컴퓨터도 없고 스마트폰도 휴대전화도 안 쓰므로 책을 읽을 때는 완전히 독립적인 상태다.

책은 이처럼 독립적인 상태가 되기에 적합한 단말기다. 그저 거기에 가만히 존재할 뿐이다. 반대로 말하면 책은 고독을 견디면서 읽는 것이 제일이다. 거기서 탄생하는 성취감은 다음 책을 향해 나아가게 하는 원동력이 되기 때문이다.

후지하라 스타일의 독서법과 책 선택법

베스트셀러에는 나름의 이유가 있다

좋은 책을 만날 수 있는 확실한 방법이 있을까

책은 얼굴이 보여야 비로소 손에 쥐고 싶어지기 마련이다

습관화될 때까지는 일종의 강제도 필요하다

책은 읽는 것으로 끝내지 말자

◆ 제5장 ◆

**책을 싫어하는
사람이라도 독서 습관이
몸에 배는 방법**

후지하라 스타일의 독서법과
책 서택법

나는 연간 120권에서 200권의 책을 읽는다. 서른셋부터
본격적으로 책 읽기를 시작해 쉰아홉이 된 현재까지 26년간 3,000
권 이상을 읽었으니 마음만 먹으면 속독도 가능하다. 하지만 굳이
그렇게 하지 않는다. 기본적으로 책은 천천히 읽는 편이다. 다만
3,000권 전부를 처음부터 끝까지 숙독한 것은 아니다. 30퍼센트 이
상은 제대로 읽지만, 절반은 대강 훑어보는 정도다. 그리고 50쪽 정
도 읽어 보고 전혀 재미를 느끼지 못해 도중에 그만두는 경우가 20
퍼센트 정도 된다. 이는 선택의 오류였던 경우다. 이런 독서 방법도
나쁘지 않다고 생각한다.

또한 목차를 먼저 읽고 전체 내용을 파악하는 일은 거의 하지 않

는다. 보통은 '머리말'이나 '글쓴이의 말'에서부터 읽기 시작해 문장의 흐름을 따라 그대로 본문으로 들어간다. 내가 이 부분에서 독자들에게 독서 방법을 가르치려는 것은 아니다. 독서 방법은 각자 취향에 따라 자유롭게 하면 된다고 생각한다. 다만 나의 독서 방법은 이러이러하다는 사실만을 밝히고자 한다. 내가 어떤 책을 읽느냐와 관련해서는 대략 여섯 가지 패턴이 있다.

첫 번째는 한 작가의 작품을 도서관에서 가능한 만큼 빌려 오는 패턴이다. 재미있을지 없을지, 평판이 어떠한지 따위는 신경 쓰지 않고 '이 사람'이라고 정한 작가의 책을 책상 위에 잔뜩 쌓아 놓고 닥치는 대로 읽어 나간다.

두 번째는 표지나 제목을 보고 끌리는 책 다섯 권 정도를 한꺼번에 구매해서 읽는 패턴이다. 내가 한꺼번에 책을 사는 곳은 주로 시부야에 있는 게이분도啓文堂 서점의 논픽션 코너다. 이때 관심을 가졌던 책과 비슷한 내용의 책을 한꺼번에 사는 경우는 거의 없고, 오히려 의도적으로 장르를 분산시켜 다섯 권을 고른다.

세 번째는 출판사에서 보내오는 증정본이다. 예전에 잡지에 서평을 실었던 적이 있어서인지 지금도 여러 출판사에서 신간이 나오면 보내온다. 이런 증정본의 경우는 싫고 좋고를 따지지 않고 일단 대강 훑어본다. 자신이 선택한 책이 아니기에 50쪽 정도 읽고 덮는 경우도 있고, 반대로 예기치 못한 좋은 책을 만나기도 한다.

네 번째는 신간 서평을 보고 마음에 드는 책을 읽는 패턴이다.

다섯 번째는 이런 얘기를 하는 것에 다소 망설임은 있지만, 아마존의 추천 기능도 점점 무시할 수 없는 존재가 되어 가고 있다. 감쪽같이 아마존의 영업 전략에 빠지게 되었음을 자각하면서도 낚여서 클릭하는 일이 종종 있다. 하지만 이 경우에도 평소 책을 선택하는 패턴이라면 손에 넣지 않았을 책을 만나기도 해서 재미가 있다.

마지막 여섯 번째는 내가 존경하는 분과 대화를 나눌 때 언급되었던 책을 구해서 읽는 패턴이다. 이 경우에는 그 자리에서 바로 메모해 두었다가 그날 중에 손에 넣는 일이 많다. 때로는 젊은 친구에게서 정보를 얻기도 한다. 그리고 가능하면 다음 날 안에 읽기를 마치고 바로 메일로 감상문을 보낸다. 세 줄에서 다섯 줄 정도의 짧은 의견일 때가 많지만, 상대가 놀랄 만한 빠른 속도로 감상문을 보낸다. 상대방에 대한 예의라는 측면도 있는데, 이런 버릇을 들이는 것이 독서를 습관화하는 데도 도움이 된다.

베스트셀러에는 나름의
이유가 있다

30대에 접어들면서 책을 읽는 습관이 몸에 배기 시작했지만, 베스트셀러가 되어 이슈가 되는 책을 읽어봐야겠다는 생각은 좀 처럼 들지 않았다. 내가 발견한 책도 아닌데 유명세에 끌려 읽는다는 것이 자존심이 허락되지 않는 측면도 있었다. 한편으로는 유행을 좇는 자신을 용서할 수 없다는 생각도 있었다. 그래서 서점 계산대 옆에 쌓아 놓은 '불티나게 팔리는 책'에는 손이 안 갔다. 40대가 되면서 독서가 일상의 일부가 되자 그런 편견이나 겸연쩍음이 없어졌다. 그냥 자연스럽게 화제를 끌고 있는 책은 읽어 두자는 심경이 되었다.

예를 들어 《만약 고교야구 여자 매니저가 피터드러커를 읽는다면》もし高校野球の女子マネージャーがドラッカーの《マネジメント》を読んだら과 같은 베스트셀러는 내가 30대였다면 읽지 않았을 것이다. 또 고 히로미郷ひろみ가 쓴 《대디》ダディ와 같이 일부러 화제성을 연출한 책은 출판사의 전략이 빤히 보여서 괜히 싫어했었다. 하지만 독서가 일상이 되니 그런 생각이 사라졌다. 오히려 사람들과 대화를 나누면서 언급되었던 책의 경우 흥미진진한 공통의 화제로 삼을 수 있으니 읽어 두는 게 좋지 않을까 하는 식으로 받아들이게 되었다고나 할까.

그래서 지금은 베스트셀러의 상위권에서부터 모조리 읽어 나가는 것도 나쁘지만은 않다고 생각한다. 내용이냐 화제성이냐는 제쳐놓고 애초에 순위 상위에 들어가는 책에는 그럴 만한 나름의 이유가 있을 테니 말이다. 말하고자 하는 요점은 책을 선택하는 계기는 무엇이든 상관없으며 남의 시선을 의식할 필요도 없다는 사실이다. 다만 100만 부 넘게 판매한 밀리언셀러라고 해서 그 책이 반드시 자신의 뇌에 연결된다는 보장은 없다.

사실 2003년에 200만 부 이상의 판매를 기록한 요로 다케시養老孟司의 《바보의 벽》バカの壁을 읽었을 때 나는 그다지 재미있다고 생각하지 않았다. 오히려 2014년에 출판된 《자신의 벽》自分」の壁이 나의 뇌에는 더 자연스럽게 들어왔다. 읽는 시기나 자신이 처한 환경에 따라 책을 받아들이는 느낌이나 생각이 달라진다. 나라는 인간의 의식은 항상 변화하며 시대 배경도 한 점에 멈추는 일은 없기 때문이다. 처음 읽었을 때는 이해가 잘 안 되었던 책이 한참 시간이 지나서야 이해되는 경우도 있다.

책에는 읽는 사람 각자에게 맞는 타이밍이 있다. 그러므로 편견을 버리고 난독할 필요가 있다. 또한 순위 10위 안에 드는 책이 전혀 재미없었다는 경험도 자기 자신을 알게 된다는 의미에서는 중요한 일이라고 생각한다.

과거 일세를 풍미했던 아사다 아키라浅田彰의 《구조와 힘》構造と力은 난해했으며, 지금도 계속 팔리는 기시미 이치로岸見一郎와 고가 후미타케古賀史健의 공저 《미움받을 용기》嫌われる勇気도 결코 쉬운 책은 아니다. 후반부터 내용이 깊어져서 대충 건너뛰면서 읽을 수 없는 책이다. 제목이나 화제성에 끌려 샀다가 겨우 10여 쪽을 읽고 내던지고 마는 사람도 많을 것이다. 그래도 그 시대의 흐름을 타는 책

을 읽고 그 책이 잘 팔리는 이유를 생각해 보면, 지금이라는 시대에 흐르는 '의식의 조각'과 같은 것을 읽어 낼 수 있으리라 생각한다.

좋은 책을 만날 수 있는 확실한 방법이 있을까

솔직히 말해서 좋은 책을 만나기 위한 요령 같은 것은 없다. 기본으로 돌아가서 그렇다면 좋은 책이란 무엇일까?

사실 좋은 책에 대한 정의를 내린다는 것조차 말이 안 된다고 생각한다. 마쓰오카 세이고와 같은 '지식의 대가'가 좋다고 느끼는 책과 내가 좋다고 느끼는 책이 같을 리 없으며, 동일본대지진 재난 지역에서 사는 중학생이 좋다고 느끼는 책은 또 다를 것이다. 좋은 책을 만나려면 우수한 책이라는 평가가 내려진 '좋은 책'을 읽고 감성을 갈고닦아야 한다는 얘기도 있다.

하지만 누군가가 좋다고 생각하는 책은 우수하고 또 누군가가 좋다고 생각하는 책의 내용이 나쁘지 않거나 하지는 않는다. 책에 대한 감수성은 제각각 다르기 마련이다.

그렇다면 감수성을 갈고닦기 위해서는 어떻게 하면 좋을까? 책에 대해 감정하는 안목을 기르는 방법이 있을까? 책을 3,000권 이상 읽은 사람으로서 할 수 있는 말은 어떤 장르든 상관없으니 무조건 많이 읽는 것이 중요하다는 사실이다. 결론은 특별한 게 없다. 양이 승부를 가른다. 지금까지의 경험상 많은 책을 읽었지만, 나의 가치관이 바뀔 만큼 영향을 받은 책은 그다지 많지 않았다. 그만큼 좋은 책을 만날 확률은 낮다.

그런 가운데 현재 나의 뇌 회로의 일부를 이루고 있는 책이 있다. 바로 말콤 글래드웰Malcolm Gladwel의 《아웃라이어》Outliers로, 개성이나 재능이라는 것에 대한 생각을 순식간에 바꿔 주었다. 이 책을 만나기 전까지는 개성이나 재능은 원래 타고나는 것이라고 착각하고 있었다. 본래부터 있는 개성이나 재능을 '끌어낸다'거나 '갈고닦는다'고 생각했다. 아마도 많은 일본인이 개성이나 재능에 대해 이런 이미지를 갖고 있지 않을까 싶다.

하지만 글래드웰의 생각은 달랐다. 아이의 재능은 어떤 환경이나 커뮤니티에 몸을 두느냐에 따라서 정해진다는 것이다. 각자의 능력에서 오는 차이는 본래부터 타고난 천부적인 재능이나 자질의 차이는 아니라고 말이다.

피겨스케이팅 선수를 예를 들어 보자. 센다이 지역에서 자란 하뉴 유즈루羽生結弦 선수가 다른 지역 사회에서 태어났다면 과연 지금의 하뉴 선수가 되었을까. 아사다 마오浅田真央 선수는 나고야에서 자랐는데, 만일 규슈에서 태어나서 성장했다면 마찬가지로 피겨스케이트 선수로서 두각을 나타냈을까. 더욱 비약한 예를 들자면 아사다 선수가 전혀 다른 환경이나 지역 사회에서 살았다면……, 가령 러시아에서 태어났다면 옐레나 이신바예바Yelena Isinbayeva 선수처럼 장대 높이뛰기 선수가 되었을지도 모른다는 얘기다.

개성이나 재능이 DNA에 새겨진 채로 태어나기 때문에 어쩔 수 없다고 생각하는 사람이 많다. 따라서 대다수의 일본인들이 타고나는 것이라고 믿는 개성이나 재능을 어떻게 잘 찾아서 키워 줄 것인가 하는 육아에 대한 선입견을 가지고 있다. 그런데 능력은 타고나는 것이 아니라, 어떤 환경에 놓이느냐에 따라 달라질 수 있다고 한다. 이 생각에 나도 공감한다.

이처럼 좋은 책을 만날 기회는 절대적으로 독서량을 축적하면 할수록 많아진다. 일일이 세본 것이 아니라 확실하게 말하기는 어렵지만, 나의 경우 300권쯤 될 것 같다. 300권이라는 숫자를 생각하면 많아 보일 수도 있지만 3,000권 중에서 300권이니 90퍼센트의 책은 나의 감성을 자극하지 못했다는 말이 된다. 그렇다고 해서 손해 봤다는 생각은 안 한다. 크게 도움이 안 되는 책을 거쳤기 때문에 효율적으로 책을 고를 수 있는 안목이 생겼으니 말이다.

또한 자신의 뇌에 타인의 뇌 조각을 연결해서 새로운 관점을 얻고자 한다면 자신이 전혀 알지 못하고 예상할 수 없는 장르나 저자의 책을 접해 보는 것도 중요하다. 물론 전혀 예측하거나 예상할 수 없는 세계에서 효율 따위는 기대할 수 없다. 빗맞을 가능성도 염두에 두어야 한다. 우리의 삶은 위험을 감수해야만 그만큼 얻을 수 있다.

이는 매우 중요한 부분으로 거듭 강조하고 싶다. 진심으로 자신에게 필요한 책과 만나고 싶은 독자라면 일상에서 난독을 습관화할 것을 추천한다. 그동안 전혀 예상치 못한 사고방식을 접하거나 책을 매개로 미지의 인물과 우연히 만날 가능성도 있다. 그런 화학반응이 과연 일어날 것인지 아닌지는 책을 읽기 전에는 아무도 모른다.

때로는 책에 대해 즉효성을 기대하는 사람도 있을 텐데 나의 생각은 다르다. 책 한 권의 가격이 문고판은 500엔 전후, 신서(출판물 형식의 하나로 B6판보다 작은 크기로 일반교양 서적이나 소설 등―옮긴이)가 700~900엔, 단행본이 1,300~2,000엔 정도다. 자신이 구매한 책 중 90퍼센트가 실패했다 해도 참을 만한 금액이다. 빗맞을 확률이 높더라도 우연한 만남을 기대할 수 있는 편이 훨씬 재미있지 않을까. 그 만남은 우리가 인생을 살면서 스치는 사람과의 만남이나 인연과 크게 다를 바 없다.

인생에서 우연한 만남을 효율적으로 설정하는 것은 애당초 불가능한 일이다. 책과의 만남도 마찬가지다. 그러니 먼저 양을 채우고 그 양으로 승부해 보자.

책은 얼굴이 보여야 비로소
손에 쥐고 싶어지기 마련이다

책을 고르는 것과 관련해서 내가 와다중학교 교장에 취임하여 도서실 개조를 시작했을 때의 일화가 도움이 될지 모르겠다. 교장으로 취임한 직후 찾아간 도서실은 전국 공립학교에서 흔히 볼 수 있는 '곰팡내 나는 도서실'이었다. 이용하는 학생이라고는 고작 대여섯 명으로 그것도 점심시간에 잠깐이었다. 물론 그 대여섯 명의 학생은 모두 도서 위원을 맡은 아이들이었다.

도서실에는 약 9,000권의 책이 있었는데 거의 사장되어 아이들이 읽고 싶어 하는 책이 절대적으로 부족했다. 그래서 나는 앞서 잠시 설명한 이 분야의 일인자인 아동문학 평론가 아카기를 총감독으로 영입하여 도서실을 개조하는 작업에 착수했다. 이 작업에서의 가장 큰 포인트는 5,000권의 책을 버리는 일이었다. 9,000권 중 무려 5,000권이라는 책이 필요 없었다. 아이들이 너도나도 찾아오고 싶어 하는 매력적인 도서실로 만들려면 먼저 불필요한 책을 버리는 일에서부터 시작해야 했다.

책을 버리기로 했을 때는 두 단계로 나누어 생각했다. 하나는 '아무리 생각해도 쓰레기'에 지나지 않는 책이었다. 몇 십 년 전에 기증받은 백과사전이 대표적인 예다. 와다중학교 도서실에는 35년 전에 발행된 백과사전이 진열되어 있었는데, 오래전에 발행된 것이라 지명 등의 내용이 현재와 다른 부분이 많았다. 내용에 오류가 많은 사전류를 학교에 둘 수는 없는 노릇이었다. 그래서 두말할 필요도 없이 과감하게 대량 폐기했다.

또 하나는 '가치가 있는지 없는지 알 수 없는 책'이었다. 가치를 알 수 없는 대표적인 사례가 바로 미술책이다. 전문적으로 미술 교육을 받지 않은 이상 버려도 될지 남겨야 할지 쉽게 판단이 서지 않았다. 그래서 인터넷 옥션 사이트의 판매업자에게 부탁했다. 요즘 같으면 '북오프'BOOKOFF 같은 중고서점에 의뢰하는 방법도 있을 것이다. 그러면 가치가 있는 것은 그 가치를 아는 사람에게 넘어간다. 사장되는 것이 아니라 유효하게 활용되는 것이다.

도서실을 개조하면서 가장 크게 의식했던 부분은 방해되는 것이 있으면 오히려 아이들은 책을 읽지 않게 된다는 사실이다. 이에 대해서는 "누가 흥미를 느낄지 알 수 없는 일이다. 설사 방해가 된다고 해도 그냥 두는 편이 아이들의 가능성을 더욱 신장시킬 수 있다."고 지적하는 사람도 있었다. 얼핏 들으면 일리 있는 말처럼 느껴지지만, 나의 생각은 달랐다.

극단적으로 말해서 방해되는 책 100권을 그냥 두기보다 단 세 권이라도 아이들이 읽고 싶어 하는 책을 쉽게 읽을 수 있는 형태로 두는 편이 낫다. 그렇게 불필요한 책을 대량 처분했더니 남은 책은

3,000권쯤 되었다. 왠지 허전하고 초라해 보일 수도 있겠지만, 도서실 책꽂이에 틈이 생겨서 오히려 좋은 점도 있었다.

책의 얼굴을 드러내어 보일 수 있게 된 것이다. 얼굴을 드러낸다는 것은 책 표지가 한눈에 보이도록 두는 것을 말한다. 책꽂이에 충분한 공간이 없으면 책은 등을 보일 수밖에 없다. 책등에는 고작해야 제목과 저자명이 작게 쓰여 있을 뿐이다. 따라서 어디에 어떤 책이 있는지, 그 책이 어떤 내용인지 알기 어렵다. 표지를 드러내어 보이면 책에 관한 정보가 한눈에 들어온다. 책 표지가 아이들에게 "읽어 봐! 읽어 보라니까!" 하고 말을 걸기 때문이다.

예를 들면 자연과학 분야의 공룡 관련 책, 세계지도와 모험에 관한 책,《13세의 헬로 워크》13歳のハローワーク와 같은 직업 관련 책, 도라에몽이 만화로 산수를 가르쳐 주는 책 등 어떤 책이 어디에 있는지 알면 책을 읽고자 하는 동기부여가 된다. 서점 판매대를 떠올려 봐도 책 표지를 드러내서 보여주는 것이 얼마나 중요한지 짐작할 수 있다. 생김새가 좋은 책일수록 무심코 손이 가기 마련이다. 아이에게 독서 습관을 길러 주고 싶다면 집 안 책꽂이도 이렇게 꾸며 보자. 그러려면 필요 없는 책을 과감히 버리는 결단이 필요하다.

와다중학교 도서실 개조에서는 불필요한 책을 버리면서 생긴 공간을 활용해 두 평 남짓한 장소에 카펫을 깔고 칸막이를 설치했다. 이곳은 어른의 눈에 띄지 않는 사각지대다. 카펫 위에서는 뒹굴면서 책을 읽어도 좋다는 규칙을 만들었다. 1,000권에 이르는 만화를 읽는 것도 가능했다.

"도서실에 사각지대 같은 곳을 만들어도 괜찮을까요?"라며 우려하는 선생님도 있었지만, 나는 이렇게 설명했다.

"물론 괜찮고 말고요. 학교 수업이 끝난 후만이라도 선생님 눈에 보이지 않는 것이 중요합니다. 아이 입장에서는 어른의 눈이 없는 곳에서 읽고 싶은 책이 있을 수도 있습니다. 대신 책을 좋아하는 지역 주민들께 도서실에 함께 있어 달라고 부탁할 생각입니다."

결과적으로 도서실 이용자는 열 배 이상 늘었다.

습관화될 때까지는
일종의 강제도 필요하다

책과 관계를 맺는 방법과 관련해서는 중학교 교장 시절의 일화 말고도 참고할 만한 사례가 있다. 와다중학교에서는 내가 교장에 취임하기 전부터 '아침 독서'라는 독서 시간이 있었다. 정규 수업을 시작하기 전 10분간 모든 학생이 책을 읽는다는 규칙이다. 초등학교 고학년 때부터 고등학생 때까지는 자기 자신과 마주하면서 서서히 자신의 세계를 키워 나가는 시기다. 특히 자아가 싹트기 시작하는 중학생 무렵에는 반항기가 찾아온다. 부모님을 신뢰하지 않거나 어른들에 대해 비딱하게 굴거나 세상에 반발하는 등 나쁜 행동이 멋있다고 착각하는 아이도 있다. 솔직히 그때는 나도 그랬다.

나는 그런 시기를 '아이로서 끝, 어른으로서의 시작'이라고 표현하는데, 이 시기에 반항심이 생기는 아이의 변화는 극히 자연스러운 것이며 중요한 성장 과정이기도 하다. 초등학생 때는 학교에서 있었던 일을 꼬치꼬치 엄마에게 보고했던 아이도 점점 말수가 적어지거나 비밀을 만들기도 한다. 엄마에게 대들고 소리를 지르는 반항을 넘어 심할 경우 함부로 욕을 하기도 한다. '짜증난다'거나 '기분이 나쁘다'며 아버지를 피하는 경우도 있다. 부모는 아이가 반항기에 접어들면 상당히 힘들다. 하지만 아이는 그런 시기를 거치면서 자아를 형성해 간다.

초등학생 때는 책을 좋아하고 잘 읽던 아이가 이 시기가 되면서 갑자기 책 읽기가 싫다고 하는 경우도 드물지 않다. 특히 어른이 권하는 책, 과제 도서나 명작이라 불리는 것에 거부 반응을 보이는 것은 매우 자연스러운 현상이다. 또한 각종 교내외 활동을 하거나 학원에 가고 친구들과 놀기 바빠서 책 읽을 시간이 없어지는 것도 이 무렵이다. 휴대폰으로 이뤄지는 SNS와 컴퓨터 게임 등에 많은 시간을 빼앗기는 것도 책 읽기를 멀리하는 이유가 될 것이다.

다른 재밌는 것을 하기에도 바빠 죽겠는데 억지로 책 읽기를 강요한들 먹힐 리 없다. 오히려 반발심만 커진다. 이때 한 가지 방법으로 학교에서 독서를 즐길 수 있는 환경이나 구조를 제공하는 것이 중요하다. 아침 독서는 그런 환경을 제공하는 것 중 하나로 이때는 아이들이 좋아할 만한 책을 읽게 하는 것이 바람직하다. 와다중학교에서 시행한 '아침 독서'는 책을 좋아하지 않는 아이나 독서 습관이 전혀 없는 아이들도 크게 힘들어하지 않았다. 오히려 반강제로 책을 읽는 구조를 제공한 덕분에 책에 대한 거부감이 사라지고 그것을 계기로 독서 습관이 몸에 배었다는 아이도 있었다.

책을 읽는 것을 습관화하려면 처음에는 반강제적으로 책을 읽게 하는 방법도 중요한 수단이라고 생각한다. 일화 하나를 더 소개하기로 하자. 역시 내가 와다중학교 교장직에 있었을 때의 일이다. 나는 시간이 날 때마다 교장실 문을 활짝 열어 놓고 책을 읽었다. 보통 교장실은 교무실 옆에 붙어 있는데, 교무실에 볼일이 있는 학생은 자연히 교장실 앞을 지나치게 된다. 그때 내가 책을 읽고 있는 모습이 학생들 눈에 들어온다. 나는 그렇게 의도적으로 책 읽는 어른의 모습을 보여주고자 했다.

또한 학교 주변에 사는 책을 좋아하는 학부모들에게 이런 부탁도 했다.

"시간이 날 때마다 도서실에 와서 책을 읽으시다 가세요. 도서실에 왔다고 사서처럼 이런저런 일을 할 필요는 없습니다. 그냥 앉아서 좋아하는 책을 읽고 계시기만 하면 됩니다. 아이들에게 그 모습을 보여주시기만 해도 되거든요."

교육은 전염이고 감염이다. 책을 좋아하는 사람은 풍요로운 표정을 짓고 책을 읽는다. 조용히 읽고 있어도 그 파동은 확실하게 주변으로 퍼져 나간다. 일방적인 강요가 아닌 자연스러운 분위기가 아이들에게 전해지면 적잖이 영향을 받을 것이다. 그렇게 해서 책을 좋아하는 아이가 생겨날지도 모른다.

흔히 학술적인 집안이나 작가의 자녀들이 책을 좋아하는 경우가 많다고 하는데, 그 이유는 집에 책이 많아서가 아니라 어렸을 때부터 부모가 책 읽는 모습을 보면서 자랐기 때문이다. 아이에게 최고의 교재는 어른의 배우는 모습이다. 이 사례는 책 읽는 습관을 들이고자 하는 어른에게도 적용할 수 있다.

아침 출근 시간에 단 10분간이라도 좋으니 지하철 안에서 책을 읽고 있는 왠지 시선이 가는 여성의 흉내를 내보자. 물론 자신이 좋아하는 장르의 책으로 충분하다. 주말에는 산책 삼아 카페가 있는 도서관에 가보자. 최근에는 북카페가 많이 생겨나고 있는데, 커피를 마시며 책을 뒤적거려 보는 것은 어떤가. 그러다 마음에 드는 책을 발견하는 행운을 누릴 수도 있다. 책 읽는 사람들 틈에 몸을 맡겨 거기서 발산되는 파동을 느껴 보자. 그것만으로도 책을 좋아하는 마음이 전염되지 않을까 생각한다.

책은 읽는 것으로
끝내지 말자

마지막으로 당부하고 싶은 것은 단순히 책을 읽고 인풋한다고 해서 독서 습관이 몸에 배는 것은 아니라는 사실이다. 아웃풋의 전제가 없는 인풋으로는 도중에 긴장이 풀리고 무엇보다 지루하다. 그저 눈으로 글자를 쫓기만 했으면서 읽었다고 생각하기 쉽다. 이는 비단 아이들만 그런 것이 아니다. 어른도 마찬가지다. 출구(목적이나 목표)가 없는 독서는 그 행위에서 의미를 찾기 어려울 수 있다. 그래서 책을 그저 읽기만 하는 것으로 끝내면 습관이 쭉 이어지기가 쉽지 않다.

그렇다면 어떻게 해야 책 읽기가 조금 더 즐거워질까. 어떻게 해야만 출구가 보일까. 아웃풋의 하나로 와다중학교에서는 아침 독서시간에 읽은 책에 대한 감상을 '독서 신문'을 만들어 소개한다는 커리큘럼을 만들어 3학기 국어 시간에 짜넣었다. A4 용지에 자신이 읽은 책 가운데 친구에게 추천하고 싶은 책을 세 권 소개하고, 어떤 점이 재미있는지 감상문을 적어 친구와 공유하는 과제다. '세 권'으로 정한 이유는 아침 독서 시간이 짧긴 하지만 책 읽는 속도가 아무리 느리더라도 연간 세 권 정도는 읽을 수 있기 때문이다.

국어 선생님의 자상하고 꼼꼼한 지도 덕분에 전교생이 독서 신문을 만들게 되었다. 그렇게 해서 만들어진 독서 신문은 학년별로 간이 제본을 해서 전교생에게 나눠줬다. 3학년에게는 3년간 집대성한 독서 신문을 만들게 했다. 열 권을 소개해도 좋고 세 권으로 범위를 좁혀도 상관없었다. 편집은 각자에게 맡겼다. 3년 동안 매 학년마다 자신이 읽은 책에 대한 정보를 정리한다는 것은 그야말로 정보 편집력을 실천한 것이라고 할 수 있다. 3년간의 학교생활과 책과의 추억이 끈끈하게 연결되어 '인생 신문' 또는 '중학 생활 신문'이라 부를 만한 내용으로 완성되었다. 이것이 와다중학교에서는 졸업 문집을 대신했다.

그러다 문득 아이들이 만든 독서 신문을 책으로 출판하면 어떨까 하는 생각이 들었다. 젊은 국어 선생님의 주도로 1학년부터 3학년까지 독서 신문의 콘텐츠를 《와다중학생이 뽑은 중학생을 위한 독서 안내》라는 제목으로 책을 냈다. 알고 지내던 편집 업체와 인쇄사의 도움을 받아 최저 비용으로 만들 수 있었다.

그렇게 만든 책을 학생들을 비롯해 많은 학교 관계자들에게 배포하는 동시에 일부 지역의 서점에 의뢰해 판매하기 시작했다. 그 서점은 학생들이 직업 체험을 하기 위해 찾아가곤 했던 곳이었다. 이런저런 시도가 눈에 띄었는지 결국에는 문부과학성 장관상을 받는 것으로 이어졌다.

아웃풋이 중요한 이유는 책을 읽고 그것을 '자신의 의견으로 연결할 수 있다'는 성공 체험이 되기 때문이다. 예를 들어 책을 읽고 어떤 감상이 떠올랐다고 해도 그것은 한낱 감상에 지나지 않는다. '자신의 의견'이란 쓰고 말하기를 반복하는 사이에 점차 강고하게 진화한다. 그것이 인쇄물의 형태를 갖추고 피드백이 되면 한층 날이 선다. 의견은 반복해서 듣지 않으면 논리가 서지 않는다. 또한 몇 번이고 글을 쓰면 쓸수록 논리적인 정합성이 깊어진다. 쓰고 듣고 또 쓰고 듣고를 반복함으로써 마침내 '의견'으로 결실을 보게 된다.

이는 내가 와다중학교에서 교장으로 재임한 5년 동안 체험한 사실이다. 도쿄도 의무교육 최초의 민간인 교장이라는 이유로 TV, 라디오, 신문, 등을 비롯해 개인 메일로도 많은 사람들이 질문했는데 그런 질문에 답한 것만 해도 1,000회를 훌쩍 넘는다. 처음 내가 답변한 내용은 독서를 통해 얻은 지식이나 다양한 경험으로 체득한 견해였지만, 다양한 취재에 응하고 같은 주제로 계속해서 말하다 보니 차츰 '나 자신의 의견'이 만들어져 갔다.

그리고 직접 원고를 쓰거나 기사화된 인터뷰 내용을 되돌아봐도 나만의 논리성이 한층 강해졌다. 그렇게 반복하다 보니 학교에서 보고 들은 체험을 한층 자기 것으로 이해하고 수긍할 수 있다는 사실을 알게 되었다.

단, 아웃풋이 중요하다고는 했지만, 대부분의 사람이 신문을 만들거나 인터뷰에 답해야 하는 기회 등은 거의 없다. 하지만 책을 읽고 심금을 울린 한마디를 메모하거나 주변에 감상을 말하거나 블로그나 트위터, 페이스북 등 SNS에 자신이 추천하는 책에 대한 글을 써서 올릴 수는 있을 것이다. 자신의 스타일대로 자신만의 언어를 사용해 의견을 피력하면 된다. 그렇게 하다 보면 독서가 더욱 즐겁고 좋아진다.

이런 말을 하면 지하철을 이용하는 많은 사람이 못마땅해하겠지만 그럼에도 굳이 말해야겠다. 지하철을 타면 많은 사람들의 모습이 눈에 들어온다. 자리에 나란히 앉아 있는 일곱 명이 지하철 안에서 시간을 보내고 있는 모습이다.

남자는 휴대폰이나 스마트폰으로 게임을 하는 경우가 많고, 여자는 스마트폰으로 SNS를 하거나 쇼핑 사이트를 뒤적이고 간혹 드라마를 보는 사람도 있다. 때로는 고개를 푹 숙이고 잠자는 사람도 있지만, 개중에는 책을 읽는 사람도 있다.

당신이 만약 한 기업의 인사부장으로 그들 일곱 사람을 면접한다고 가정해 보자. 일곱 명 중 단 한 사람을 뽑아야 한다면 누구를 채용하겠는가? 대부분 다음과 같은 유형의 후보자는 바로 탈락시킬 것이다.

- **유형 1** 처음부터 끝까지 스마트폰 게임을 하는 '인터넷 게임 중독'으로 보이는 사람
- **유형 2** 끊임없이 문자나 메일이 오지 않는지 SNS를 신경 쓰면서 불안해하는 사람

이런 유형의 사람은 업무에 집중하기 어려울 것으로 판단되기 때문이다. 한편, 상상력이 풍부한 사람을 눈여겨볼 것이다.

- **유형 3** 스마트폰을 활용해도 상관없으니 주체적으로 조사하는 '액티브 러닝' 습관이 배어 있는 사람
- **유형 4** 지금은 잠깐 졸더라도 괜찮으며 지하철 안에 붙어 있는 주간지 광고물을 멍하니 쳐다보는 것도 상관없다. 그런데 때때로 차 안팎에서 벌어지는 일에 시선을 주면서 '이런 일이 생겼다면 다음에는 이렇게 되지 않을까?' 하고 상상력을 발휘하고 있는 것처럼 보이는 사람

이런 유형은 대체로 면접관에게 적절한 질문을 한다.

아마 자신은 스스로 못 느끼겠지만, 휴대폰을 만지작거리며 작은 화면에서 시선을 떼지 못하는 사람은 왠지 불안해 보인다. 눈도 살짝 치켜 올라가 있어 어딘지 모르게 신경이 곤두서 있는 듯한 인상을 준다. 실제로도 스마트폰 화면을 보면서 혀를 차거나 하는 사람을 보는 경우도 적지 않다.

한편, 책을 읽고 있는 사람에게서는 그런 거부감이 느껴지는 표정이 보이지 않는다. 내 말을 정 믿지 못하겠다면 언제 한번 관찰할 기회를 가져보기 바란다. 남자라면 지하철 안에서 여기 기웃 저기 기웃하다 수상한 사람으로 오해를 받을 수 있으니 주의하자. 사람의 표정은 어떤 것을 보느냐에 따라 변화한다. 아기는 엄마를 통해 표정의 변화를 배우고 엄마의 미소를 보면서 웃는 것을 흉내 내게 된다. 그것이 바로 거울 효과다. 이런 이유로 TV 앞에 앉혀 놓기만 한 아이의 표정은 풍부하지 못하다.

동물도 그렇다. 강아지만 해도 혼나면 풀 죽은 표정을 짓고 칭찬하면 웃는 표정을 짓는 등 표정의 변화가 풍부하다. 오랜 세월 강아지와 함께 살아온 어르신이 강아지를 데리고 산책하는 광경을 가끔 볼 때가 있는데, 그들의 표정이 닮아 있는 경우가 많다. 오랜 세월 함께한 부부의 얼굴이 닮는다는 말도 있다.

사람과 사람, 사람과 동물, 사람과 책 또는 TV 또는 휴대폰이나 스마트폰……. 상대가 누구든, 무엇이든 간에 우리는 거울 효과에 영향을 받는다. 모두 고체끼리의 관계이지만 분자, 원자, 소립자가 난비하고 있으므로 활발하게 교류하고 있다는 말이다. 마이크로의 세계에서는 가까운 곳에서 사는 것끼리는 서로 섞이게 된다고 말해도 과언이 아니다. 그러므로 어떤 미디어와 오랜 시간 교류하는지, 또 어떻게 미디어와 접하고 있는지 그리고 그 미디어의 인터페이스는 어떤 빛깔과 피부를 가졌는지는 우리 모두의 표정 변화에 확실히 영향을 미친다.

이제 여기서 처음의 질문으로 돌아가 보자. 당신이 인사부장이라면 지하철 안에서 책을 읽는 사람과 계속 스마트폰만 쳐다보는 사람 중 어느 쪽을 채용하겠는가? 이 글을 서점 한구석에 서서 읽고 있는 독자든, 집에서 본문을 다 읽은 다음 읽고 있는 독자든 또는 만원 지하철의 비좁은 공간에서 필사적으로 읽고 있는 독자든 모두 책 읽기를 즐기는 사람일 것이다.

지금 여러분 손에 있는 이 책은 왜 책을 읽어야 하는지 그 의미를 묻고 있다. 인사부장으로서의 여러분 선택도 분명 나와 같으리라 생각한다. 내가 인사부장이라면 책 읽는 사람을 우선으로 채용하겠다. 왜냐하면 휴대폰과 떨어져 책을 읽는 습관이 있다는 것은 단순한 생활습관의 배제와 추가가 아니라, 삶의 방법에 대한 선택이기 때문이다.

그리고 책을 읽는 사람은 이 책에서 거듭 강조한 바와 같이 저자의 뇌 조각을 자기 뇌에 연결하여 뇌를 확장하고 세계관을 넓힐 수 있다. 무엇보다 그 힘은 상상력을 풍요롭게 하는 것으로 이어진다. 상상력이 풍부한 사람은 최첨단 인터넷 관련 회사에 다니든 TV나 영화와 같은 미디어 업계에서 일하든 모두 책 읽기를 사랑하는 사람들이다.

후지하라 가즈히로가
추천하는 필독서

40권

직장인을 위한
필독서 14권

재능이나 자질을 새롭게 바라보고 싶다면

《아웃라이어》Outliers: The Story of Success
말콤 글래드웰Malcolm Gladwell 지음
김영사 출간

이 책은 본문에서도 잠시 언급했지만 조금 더 자세히 소개하고
자 한다. 인재 개발과 관련 있는 직장인, 경영자, 기업가 및 학교
선생님이나 교육에 관심이 있는 모든 사람이 반드시 읽어 봐야
할 책이라고 확신한다. 학생들에게도 추천하고 싶다. 그만큼 중
요한 메시지를 담고 있다. 저자가 이 책에서 주장하는 내용을 한
마디로 요약하면 천재의 재능은 1만 시간이 넘는 연습량의 축적

에 따른 것이지, 타고난 자질 때문이 아니라는 것이다.

개성이나 자질은 원래부터 갖춰진 것이 아니라, 환경이나 커뮤니티 안에서 이리저리 부대끼고 키워지면서 축적되는 것이다. 흔히들 개성을 육성한다고 말하지만, 개성은 처음부터 개인에게 내재한 것을 발굴하는 행위가 아니라는 얘기다. 이런 사실을 저자는 다양한 사례를 통해 증명해 보여준다.

그래서 이 책을 읽으면 우리 모두에게 가능성이 열리는 것 같은 생각이 든다. 적어도 1만 시간에 달하는 연습량을 거치면 누구든 (아무리 학력이 낮아도, 기억력이 나빠도, 손재주가 없어도, 발달이 늦은 편이라도) 어느 한 분야에서 세계적인 마스터의 수준으로 올라설 수 있다고 하니 말이다.

모차르트, 비틀즈, 빌 게이츠, 스티브 잡스도 그 시대와 환경 그리고 더불어 1만 시간이 넘는 연습을 가능케 하는 기회가 주어졌기 때문에 성공할 수 있었다. 요는 연습량이라는 말이다. 물론 연습을 재미있다고 느낄 수 있는 재능이 있는지, 연습을 계속할 수 있는 인내력 또는 집중력이 있는지가 중요할지도 모르겠지만 말이다.

조직과 개인의 관계를 재고하고 싶다면

《피터의 원리》The Peter Principle
로렌스 피터Laurence J. Peter,
레이몬드 헐Raymond Hull 지음
21세기북스 출간

'계층사회학'Hierarchiology(저자는 계층사회학이라고 풀이하지만 국내에서는 '위계학' 또는 '계층조직론'이라는 용어로 해석하기도 한다.―옮긴이)이라는 새로운 용어를 탄생시킨 책이다. 저자인 피터 박사는 "조직에서 일하는 모든 사람은 자신의 무능력이 드러날 때까지 승진하려는 경향을 보인다."고 갈파한다. 그리고 조직에서 늘 창조적이기 위해서는 승진의 유혹을 이겨내고 적당히 무능을 연출해야 한다고 말한다.

※이 책 본문 103쪽에 자세히 언급했습니다.

자신의 비즈니스를 되돌아보고 싶다면

《메이커스》Makers: The New Industrial Revolution
크리스 앤더슨Chris Anderson 지음
알에이치코리아 출간

저자 크리스 앤더슨은 《프리》FREE 나 《롱테일 경제학》The Long Tail:
Why the Future of Business Is Selling Less of More 등의 베스트셀러로 유명
한 《와이어드》Wired의 편집장이다. 최근 드론 조립 세트를 판매
하는 오픈 하드웨어 회사인 '3D 로보틱스'를 설립하여 수억 달러
규모의 기업으로 성장시키기도 했다. 2012년에 출판된 《메이커
스》는 3D 프린터를 널리 일본에 소개한 것으로 여겨진다. 하지
만 이 책의 본질은 따로 있다.

나는 산업계(또는 널리 세계라고 해도 좋다)의 새로운 관계성을 보
여주는 책이라고 생각한다. 인터넷이 세계와 인간을 어떻게 바
꿔 나가는지 설명한 예언서이기도 하다는 의미다. 단적으로 그
것을 나타내는 부분이 조금 길어도 인용해 보겠다.

"만일 20년 전에《와이어드》지 편집장이 항공 로보틱스 회사를 차리려고 했다면 과연 티후아나 출신의 고졸 청년과 손잡았을까? (중략) 좋은 학교를 나왔다는 이유만으로 잘 모르는 상대와 손을 잡는 게 훨씬 더 위험할 수 있다. (중략) 웹 덕분에 사람은 교육이나 경력에 상관없이 능력을 증명할 수 있게 되었다. 그리고 이런 비공식 조직(인터넷 상의 커뮤니티를 가리킴─필자)에는 지리적 제약이 거의 없다. 재능이 있는 인재는 어디에 있든 상관없으며 조직을 위해 이사할 필요도 없다."

"그의 이름은 호르디 뮤뇨스Jordi Munoz. 처음 투고했을 때 나이가 열아홉이었다. (중략) 현재 호르디는 샌디에이고에 최첨단 공장을 둔 (중략) 3D 로보틱스 사의 최고경영책임자CEO이다. 현재 나이 스물네 살로 아직 젊다."

"그는 미국에서 태어나지 않았으며 영어도 잘 못하고 학업 성적도 우수하지 않지만, 인터넷에는 접속할 수 있었다. 호기심과 의욕 넘치는 그 젊은 친구는 사상 최고의 정보원을 이용해 독학으로 세계 최첨단 항공 로보틱스 전문가가 되었다. 그는 그저 자신의 정열에 따랐을 뿐이지만, 그 과정에서 '구글 박사 칭호'를 받을 만큼의 지식을 갖추게 되었다."

인터넷을 사용한 커뮤니티가 종횡무진 필요한 사람과 기능을 연결하여 '메이커스'(생산자)가 되는 무한한 기능성을 나타내고 있다.

《아마존, 세상의 모든 것을 팝니다》
The Everything Store: Jeff Bezos and
the Age of Amazon
브래드 스톤Brad Stone 지음
21세기북스 출간

아마존의 창업자 제프 베조스의 실상을 파헤친, 출생에서부터 현재에 이르기까지 그의 모습을 그린 걸작 논픽션이다. 아마존은 현대인의 쇼핑이나 독서 습관을 크게 바꾸었다고 할 수 있는데, 그 '고객 제일주의'를 관철하는 자세에는 경탄을 금할 수 없다.

※이 책 본문 86쪽에 자세히 언급했습니다.

《조너선 아이브》
Jony Ive: The Genius Behind Apple's
Greatest Products
리앤더 카니Leander Kahney 지음
민음사 출간

조금은 집요하다 싶을 정도로 세세한 묘사가 이어져 도중에 읽
는 것을 포기할까 싶기도 했지만, 참고 끝까지 다 읽어 본 결과
아이맥iMac에서 아이팟iPod, 아이북iBook, 아이폰iPhone, 아이패드
iPad가 결코 스티브 잡스의 작품이 아니라 조너선 아이브를 중심
으로 한(마니아 기질이 상당하며 '괴짜'라고도 할 수 있다.) 팀의 작품
이라는 사실을 알 수 있었다.
게다가 그림으로 그려 내기만 하면 되는 디자인이 아니라 어떻
게 만들 것인지를 고민하고 유리와 금속의 조합을 위한 독자적
인 방법 등 생산 기술에까지 파고들면서 공장의 생산 설비 설계
까지 컨트롤하는 고집을 보인다. 게다가 나에게는 그의 아버지
가 영국의 한 지방에서 교장을 거쳐 교육장이 된 인물이었다는
점이 흥미로웠다.

아버지의 방침에 따른 '디자인 교육', '감성 교육'을 중시한 교육 정책의 결실로 진 세계에 '스마트폰'이라는 새로운 세계관을 탄생시킨 아들 조너선이 만들어졌다고 하는 교육적 의미에서도 읽을 만한 책이기 때문이다.

미래를 예측하고 싶다면

《새로운 디지털 시대》
The New Digital Age: Reshaping the Future of People, Nations and Business
에릭 슈미트Eric Schmidt,
제러드 코언Jared Cohen 지음
알키 출간

구글 회장 에릭 슈미트의 첫 번째 저서다. 2025년 세계 80억 인구가 온라인으로 연결된 세상에서 개인, 사회, 국가, 전쟁이나 테러는 어떻게 될지 선명하게 그리고 있다.

※이 책 본문 88쪽에 자세히 언급했습니다.

《제로 투 원》Zero to One
피터 틸Peter Thiel,
블레이크 매스터스Blake Masters 지음
한국경제신문 출간

누구나 쉽게 읽어 내기 힘든 책이다. 다소 이해하기 어려운 부분도 있지만, 나는 이 책의 저자인 피터 틸이라는 인물이 현재 미국 기업가 집단(페이팔 마피아)에서 신과 같은 존재라는 얘기를 전해 들었다. 유튜브, 테슬라모터스, 링크드인, 스페이스 엑스……. 누구를 통해 들었느냐 하면 와다중학교 출신으로 영국 보딩스쿨에서 공부하고 TED에서 발표한 적 있는 현재 한창 주목을 모으고 있는 마키우라 도가牧浦土雅다.

도가 군은 천재적 활동을 하는 스무 살 이하의 청소년 20명을 해마다 초빙하는 피터 틸의 세션에 일본인으로는 처음으로 뽑혀서 참가했다. 애플의 사장 팀 쿡Tim Cook이 아끼는 열네 살짜리 천재 프로그래머 등과 같이 터무니없는 녀석들을 세계 곳곳에서(게다가 해마다 20명씩) 모아 장학금이나 기업 자금을 준다고 한다.

이 책에도 썼듯이 세션에서는 "세계에 관한 명제 가운데 많은 사람이 참이 아니라는 데도 당신만은 참이라고 생각하는 것은 무엇인가?"를 추궁한다. 기업가 집단의 신적 존재인 피터 틸은 "그누구도 할 수 없는 당신의 미션은 무엇인가?"를 묻는 교주라고도 할 수 있다.

자본주의 이상의 가치를 알고 싶다면

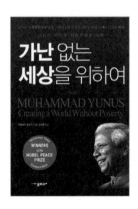

《가난 없는 세상을 위하여》
Creating a World Without Poverty
무하마드 유누스Muhammad Yunus 지음
물푸레 출간

독자 가운데 '마이크로 크레디트' '소셜 비즈니스' '무하마드 유누스'라는 세 개의 단어를 듣고도 전혀 감이 오지 않는다면 솔직한 말로 문제 있다고 하겠다. 저자인 유누스는 2006년에 노벨 평화상을 받은 방글라데시의 그라민 은행 총재로, 사회기업가의 모범적인 인물이다. 내가 이 책을 강력히 추천하는 이유는 자본주의 다음 단계의 가능성을 보여주고 있다고 생각해서다.

세상은 '호황과 불황'을 반복하며 흔들리고 있는데, 이 책에도 기술했듯이 일본은 이미 성숙 사회에 접어들어 발전도상국형의 대량 소비가 끝날 것으로 보인다. 버락 오바마 미국 대통령도 '어린아이와 같은 소비사회에서 어른으로서 책임을 갖는 시대로'라는 메시지를 내걸고 있다. 미국도 자본주의의 다음 단계를 모색하고 있다는 얘기다.

> "세상은 가난한 사람들에게 돈을 빌려 주면 갚지 않을 것이라고 믿도록 만들고 있다. 나는 이러한 가정을 바꾸는 것이 빈곤 문제를 해결하는 데 필요한 첫걸음이라고 확신하게 되었다."

그래서 유누스는 방글라데시에서 일하는 가난한 여성에게 이웃과 조합한 연대 책임으로 소액 융자를 하는 은행을 창립했다. 이것이 '마이크로 크레디트'다. 이 네트워크는 임대폰을 임대하는 비즈니스에도 이용되며, 수공예품의 판매 등 주로 여성을 자영업자로 자립시키는 데 공헌하고 있다.

> "소셜 비즈니스는 자본주의 시스템의 잃어버린 단편이다.

그것을 도입함으로써 현재 주류를 이루는 비즈니스 범위 밖에 남겨진 매우 커다란 세계적 문제에 뛰어드는 힘이 자본주의에 갖춰지면 그 시스템을 구할지도 모른다."

저자는 이와 관련한 좋은 사례로 그라민 은행과 세계적 식품 제조업체인 프랑스 기업 다농Danon의 새로운 식품 개발 프로젝트를 소개한다. 극빈층 가정에서도 쉽게 손을 뻗을 수 있는 가격으로 영양가 높은 요구르트를 미생물에 의해 분해되는 친환경 용기에 담아 판매하는 것인데 현재 이 사업은 이익을 얻고 있다. 하지만 투자가에 대한 배당은 없다. 모든 이익은 개발과 재생산에 재투자된다. 매우 현실적인 예언서이다.

《돈으로 살 수 없는 것들》
What Money Can't Buy:
The Moral Limits of Markets
마이클 샌델Michael Sandel 지음
와이즈베리 출간

베스트셀러《정의란 무엇인가》Justice; Whats the right thing to do로 유명
하고, NHK 프로그램〈하버드 백열 교실〉ハーバード白熱教室의 '정
의란 무엇인가?'를 통해 어른의 가치관을 흔들어 놓은 하버드 대
학 샌델 교수의 저작이다.

"그것을 돈 주고 사겠느냐?"는 샌들 교수의 질문과 더불어 다음
과 같은 사례가 소개된다.

1 줄을 설 필요가 없는 '패스트 트랙'Fast track에 돈을 지불
   한다(1장)
2 돈을 주고 코뿔소를 사냥하고 바다코끼리를 쏴죽인다
   (2장)
3 인터넷 웹사이트를 통해 결혼식 축사를 구매한다(3장)
4 돈을 주고 명예를 산다(3장)
5 돈을 받고 자신의 신체를 광고 도구로 기업에 제공한다
   (5장)

그리고 질문의 배경은 샌들 교수의 다음 표현에 고스란히 나타나
있다.

 "우리는 모든 것이 돈으로 거래되는 시대에 살고 있다. 민
 간회사가 전쟁을 하청 받고, 장기매매가 이루어지고, 공공

시설 명명권이 옥션에 출품된다."

분명히 부도덕하다고 생각되는 사례에서부터 기회가 되면 할지도 모르는 사례에 이르기까지 참으로 다양하다. 어디까지나 자신의 도덕률에 따르면 되므로 판단은 제각각일 것이다. 자본주의 원칙에 따라 쌍방에 이득이 있다면 무엇이든 매매해도 좋다는 얘기가 되겠지만, '정말 그래도 되는 걸까?'라는 의문은 어른뿐 아니라 아이들도 한 번쯤 생각해 봤으면 싶은 과제다.

예를 들어 햄버거 회사에서 "아이의 얼굴을 광고에 쓸 수 있도록 빌려 주면 하루에 100엔 드리겠습니다."라고 제안했다고 하자. 아이는 뭐라고 대답할까? 또는 시험 성적이 오를 때마다 용돈을 올려 주는 것은 해도 되는 일일까? "만일 1,000엔이 있다면 뭘 사고 싶니?" "만일 1만 엔이 있다면?" "10만 엔이 있다면?" 하고 아이들에게 물어보자. 그리고 "그럼 돈으로 살 수 없는 게 있을까?" 하고 질문해 본다.

그러면 '사랑' 또는 '우정' 같은 추상적인 단어가 튀어나올 수 있을 텐데, "사랑이나 우정도 돈으로 살 수 있다고 말하는 사람도 있는데."라고 말해 혼란을 줘보자. 공부하라는 잔소리만 할 게 아니라 때로는 식탁에서 이런 식으로 기성 개념을 흔드는 토론을 해보는 것도 좋지 않을까?

샌델 교수의 특별 강좌는 리크루트의 인기 사이트 '주켄 사프리'

受験サプリ(www.jyukensapuri.jp)에 미래 교육 강좌로 업데이트되어 있다. 나의 '세상살이' 강좌가 이미 51편이 공개되었는데 매우 매력적인 온라인 강좌이니 더불어 시청해 보기 바란다.

새로운 방식을 고안하고 싶다면

《연필 하나로 가슴 뛰는 세계를 만나다》
The Promise of a Pencil:
How Small Acts Inspire big Change
애덤 브라운 Adam Braun 지음
북하우스 출간

학교를 만드는 NGO 탄생 이야기. 미국이라는 사회의 영어권 시스템의 강점을 제대로 알 수 있다. 일본에서는 올해부터 나도 전면적으로 지원하기로 한 AEFA Asian Education and Friendship Association(아시아 교육 우호협회)에서 최근 10년 동안 베트남과 라오스에 190개의 학교를 만들었는데,《연필 하나로 가슴 뛰는 세계를 만나다》의 저자 애덤 브라운은 스물여섯 살 때부터 수년간 순식간에 같은 일을 해내었다. 게다가 가속도적으로 실적이 오르는 상황이다. 운영을 잘해서인지 어떤지는 확인하지 못해서 알 길이 없지만, 일본 AEFA 입장에서는 좋은 경쟁자가 될 것이다.

《최고의 수업을 세상 끝까지 전하자》
最高の授業を世界の果てまで届けよう
사이쇼 아쓰요시税所篤快 지음

＊ 한국에 출간되지 않은 도서로 일본 표지를 게재함.

저자 사이쇼 아쓰요시는 사회기업가의 원조로 노벨 평화상을 받은 무하마드 유누스의 제자다. 방글라데시에서 비디오 수업을 개발하여 최고 빈곤 지역의 고등학생을 최고로 어렵다는 다카대학교에 입학시켰다. 이 책은 내신 성적 하위권이었던 저자가 대학 재학 중에 방글라데시에서 일으켰던 기적을 그린 그의 데뷔작《앞으로! 앞으로! 앞으로!》前へ! 前へ! 前へ! 의 속편이다.

전작은 농촌 지역의 빈곤층 고등학생에게 동기를 부여하여 방글라데시의 최고 대학인 다카대학교에 합격시키기까지의 다큐멘

터리다. 자신이 과거에 다녔던 입시학원의 방식을 응용, 입시학원 강사의 수업을 비디오로 촬영해서 입시 공부를 시켰다. 방글라데시 판 〈드래곤자쿠라〉ドラゴン桜(2005년에 방영된 TV 드라마로, 미타 노리후사三田紀房의 만화가 원작—옮긴이)라고도 불리며 지금까지 세인들의 입에 오르내리고 있다.(그로부터 3년 연속 합격자를 배출, 국공립 대학교에 대거 합격시키는 쾌거를 이루면서 현지에서는 상당히 떠들썩했다.)

그 후 가난하지만 뜻 있는 고등학생에게 동기를 부여하고 용기를 주며 비디오 교재를 전달하여 그 나라 일류대학교에 합격시키는 미션을 오대륙에서 팀원들과 함께 전개하게 되는데……. 그다음 내용은 책을 통해 확인하기 바란다. 독자 중에는 '왜 그런 활동에 외부인인 일본인이 굳이 나서서 하는 걸까? 각국 정부의 교육 방침에 따라 추진해야 하는 게 아닌가?' 하고 생각하는 사람도 당연히 있을 것이다.

나도 그것을 확인하고 싶다는 생각에 그를 만나기 위해 방글라데시에까지 가서 그가 하는 일을 직접 보고 왔다.

먼저 발전도상국 도시부에 사는 부자들은 자녀를 일반 은행원 연봉의 몇 배나 되는 고액 입시학원에 보내 공부시켜 일류 대학에 넣는다. 그런데 대부분 외국으로 유학을 가서는 돌아오지 않는다. 개중에 고국으로 돌아온다고 해도 정부 고관 자리에 오르는 데만 급급하다. 그러니 나라의 시스템을 속속들이 잘 아는 강력한 지도자가 등장하기 어렵다. 농촌이나 어촌의 생활 현장이 얼마나 빈곤에 씨들어 있어 힘든지 전혀 모르기 때문이다.

그래서 현지에서도 사이쇼가 추진하는 일이 일반 민중 가운데서 나라를 움직일 이노베이터를 배출하는 지름길일지도 모른다고 인정하는 분위기다. 마치 메이지유신을 밀어붙였던 일본의 지도 자가 가난한 농가 출신의 시골 사무라이였던 것처럼 말이다. 전 후 오로지 도쿄대학을 목표로 했던 것도 인생을 한 방에 역전시 키고자 했던 지방의 뜻 있는 학생들이었던 것처럼.

《마음이 기뻐하는 일하는 방법을 찾자》
心が喜ぶ働き方を見つけよう
다치바나 다카시立花 貴 지음

* 한국에 출간되지 않은 도서로 일본 표지를 게재함.

평범한 직장인이었던 다치바나 다카시는 동일본대지진을 계기 로 미야기현 이시노마키시 오가쓰초宮城県 石巻市 雄勝町에서 새로 운 어업과 마을을 만드는 사업가 겸 어부로 변신했다. 《최고의 수

업을 세상 끝까지 전하자》最高の授業」を世界の果てまで届けよう의 저자인 사이쇼와 다치바나에게는 공통점이 있다. 자신의 내부 깊숙한 곳에서 용솟음치는 미션에 마음이 움직여 일한다는 점이다. 결코 자기희생적인 것이 아니라 부족한 것투성이인 상황에서도 비장함 따위는 없고 오히려 즐기고 있다. 그래서 함께하려는 사람들이 저절로 모여든다. 플러스 파동이 있기 때문이다.

사실 이들뿐만 아니라 지금 방글라데시와 이시노마키에는 세계적으로 우수한 두뇌가 모여 빈곤을 해결하고 재난 지역의 현실적인 재건을 위해 지혜와 힘을 짜내고 있다. 왜일까? 나는 어느 세계나 거대한 결락(블랙홀)이 있기(또는 일어남) 마련이고 그것을 통해 에너지가 소용돌이치면서 정념이 흘러 들어온다고 생각한다. 거대한 결락은 우리 인간에게 지혜를 짜내도록 요구한다. 정답이 없는 드라마가 일상적으로 창출된다. 무엇보다 교육적이며 거기서 일어나는 문제를 시행착오를 겪으면서 헤쳐 나갈 때 누구보다 성장해 나갈 수 있을 것이다.

그래서 나는 이시노마키와 방글라데시의 양쪽 머리글자를 따서 'IB 리그'라고 이름 붙였다.(미국의 'IV 리그'가 아니다.) 그 어느 곳보다 사람이 육성되는 장소로, 대학에 가는 것보다 더욱 성장할 수 있으며 인맥도 풍요로워지는 장소로써 말이다. 다치바나는 현재 오가쓰 마을의 옛 구와하마 초등학교 터를 교육 시설로 재생하는 프로젝트를 추진하고 있다. 크라우드 펀딩으로 자금을 모아 2015년 'MORIUMIUS'라는 이름으로 개교했다.

일과 인생을 다시 쓰고 싶다면

《인생의 마지막 교과서》
35歳の教科書—今から始める戰略的人生計劃
후지하라 가즈히로 藤原和博 지음

* 절판된 도서로 일본 표지를 게재함.

여러분은 혹시 '내 주변에는 제대로 된 어른이 없지 않나?' 하는 생각을 해본 적은 없는가? 만약 그런 생각을 해봤다면 그 감각은 틀리지 않았다. 어쩌면 '이런 어른은 되고 싶지 않다' 하는 생각을 더 많이 해봤을지도 모르겠다. 그도 그럴 것이 지금 우리가 사는 시대는 롤모델이 없기 때문이다. 앞으로의 시대를 살아가는 정답을 보여주는 롤모델이 존재하지 않는다는 말이다.

그렇다면 자기 스스로 어떤 인생의 지침을 가지고 살아갈 수밖에 없다. 그런 삶의 지침으로 나는 이 책의 부제 '지금부터 시작하는 전략적 인생 계획'에 등장하는 '전략'이 인생에는 필요하다고 생각한다. 그렇다면 어떤 전략을 말하는 것일까?

"40대부터 자신의 주제를 내걸고 비전을 잇달아 형태로 만드는 것이 인생의 묘미다."

40대에 꽃을 피우려면 지속적으로 영양분을 흡수하고 기술을 축적하여 필요한 인맥과 네트워크를 만들어 두어야 한다. 가능하다면 자유자재로 움직일 수 있을 만큼의 경제적인 기반이나 가족과의 사회적 토대도 만들어 두면 좋다.

이 책의 제목에 있는 '35세'에는 인생에서 클라이맥스의 개막전을 앞두고 서서히 진지하게 준비를 시작할 필요가 있을 것이다. 만약 그런 준비를 하는 데 부족한 요소가 있다면 하루빨리 이 책을 통해 점검해 보자. 또한 거듭 강조했듯이 '성장 사회'에서 '성숙 사회'로 들어서면서 인생을 지배하는 '규칙'이 바뀌었다는 점에 대해 지금까지의 경험을 토대로 본격적으로 풀어 놓은 책이기도 하다. 다음에 소개하는 《마흔, 버려야 할 것과 붙잡아야 할 것들》坂の上の坂보다도 훨씬 젊은 세대에게 쉽게 읽힌다는 호평을 받고 있다.

《마흔, 버려야 할 것과 붙잡아야 할 것들》
坂の上の坂-30代から始めておきたい55のこと
후지하라 가즈히로 藤原和博 지음
21세기북스 출간

시바 료타로司馬遼太郎의 명작 가운데 하나로 소설《언덕 위의 구름》坂の上の雲이 있다. 메이지유신에서 러일전쟁 시대의 진취적인 기상을 멋지게 그린 작품으로 많은 경영자가 항상 곁에 두는 책으로 꼽히기도 한다. 큰 뜻을 품고 새로운 시대를 살아 나가는 주인공들의 청춘 이야기에 매료되는 것이다.《언덕 위의 구름》에 나오는 시대에는 낭만이 있고 마음껏 꿀 수 있는 꿈이 있었다. 그리고 눈앞 언덕 위에는 올려다볼 '구름'이 있었다. 물론 오늘날에도 낭만과 꿈과 올려다볼 구름은 있다. 하지만 러일전쟁이 벌어졌던 시대와 크게 다른 점이 있다. 바로 평균수명이다.

러일전쟁이 있었던 시대의 평균수명은 지금의 절반. 병역을 마치고 가업을 이으면서 무아지경으로 일하다 보니 어느새 은거의 시기를 맞이하고 마침내 죽음을 맞이한다. 말하자면 '구름'을 바라보면서 오로지 달리다 보니 쓸데없는 것을 생각할 겨를도 없이 깔끔하게 삶을 마감할 수 있었다. 그런데 현대는 어떠한가? 60세에서 65세 사이에 퇴직해도 평균수명을 감안해 보면 죽을 때까지 20~30년이나 되는 상당히 긴 시간이 남는다. 그렇다면 '구름 위'에서 기다리고 있는 것은 '구름'이 아니라 다음의 새로운 '언덕'이 아닐까 하고 생각하게 되었다.

'언덕 위에 또 언덕'은 비틀즈가 노래한 '더 롱 앤드 와인딩 로드'The Long And Winding Road일지도 모르겠다. 하지만 그런 길고 구불구불한 길을 즐겁게 걸어가는 것도 마음만 먹으면 얼마든지 할 수 있나. 이 책에서는 그런 '언덕 위의 언덕'을 오르는 데 필요한 준비와 마음가짐, 50대 이후의 30년간을 어떻게 보낼 것인가에 대해서 설명한다. 먼저 '인생의 에너지 커브'를 그려 봄으로써 복안적 인생관의 중요함에 관해 설명했다.

그 준비 여하에 따라 점점 '높이 오르는 상태가 되는 사람'과 타성에 젖은 채 계속 내려가다 '내리막길'을 맞이하는 사람 간에 커다란 차이가 생긴다. 앞이 보이지 않는 시대에 노후에 다가오는 '불안감'이라는 이름의 안개가 걷히는 롱 셀러. 이 책 문고판에 경영 컨설턴트인 간다 마사노리神田昌典, 글로비즈의 대표 호리 요시토堀義人의 해설이 더해져 있기에 잠시 소개해 본다.(이하 일부 발췌)

"(이 책을 읽음으로써) 세계의 변화에 휘둘리지 않고 자기 자신이 세계의 변화가 되는, 그런 조용한 결의가 귀를 기울이면 당신 내부에서 연주를 시작할 것이다." (간다 마사노리)

"지금은 난세에 접어들었다. 자신의 머리로 생각하고, 옳다고 생각한 것을 과감하게 행동으로 옮기고, 적절히 궤도를 수정하면서 앞으로 나아가야 한다. 그것은 그야말로 후지하라가 이 책에서 제안하는 삶의 방법이 현실적으로 필요해지는 것에 지나지 않는다." (호리 요시토)

초중고생 자녀를 둔
부모의 필독서 15권

저변에서부터 실천하는 교육 개혁

《열혈교사 도전기》One Day, All Children
웬디 콥Wendy Sue Kopp 지음
에이지21 출간

'무엇을 해야 좋을지 모르겠다던 젊은이들이 '열혈교사'로 탈바꿈!'

저자는 미국 전역에서 명문 대학의 졸업생을 환경이 열악한 공립학교에 2년간 임시 교원으로 파견하는 비영리조직 '티치 포 아메리카'(TFA)의 대표다. 16년 전 여대생 시절 혼자서 이 일을 시작한 이후 지금까지 1만 4,000명을 공립학교에 파견해 왔다. 예

산이 적어 교육이 제대로 이루어지지 않는 공립학교들의 학력
을 향상시키는 데 크게 공헌했음을 높이 평가받고 있다.

TFA의 졸업생 중 70퍼센트 정도는 교장이 되거나 교육위원회
에서 일하는 등 교육 현장에서 활약하고 있다. 졸업생들이 취업
을 원하는 곳으로도 TFA는 인기가 높다. 2007년에는 미국의 '이
상적인 취업처' 상위 10위 안에 들기도 했다. 신규 졸업 채용 인
원도 마이크로소프트, P&G와 같은 미국의 유력 기업을 웃돈다.
미국 구글이나 투자은행은 우수한 학생이 TFA에 모여드는 것
에 주목해 '2년간 TFA에서 교직을 경험하고 나서 입사할 수 있
다'고 하는 공동 채용을 시작했다.

그렇다면 일본에서 출발한 '티치 포 재팬'(TFJ)의 과제는 무엇일
까? 먼저 교직 자격을 따야 한다는 규칙이 방해가 된다. 미국에
서처럼 교장의 재량만으로는 채용할 수 없다. 가령 비상근 교사
로 채용한다고 해도 최고 수준의 대학생이 원할지가 문제다. 기
업의 안정성이 취업의 인기를 좌우하는 일본에서는 쉽지 않은
일일지도 모르겠다. 하지만 공립중학교 교장을 경험한 나는 봉
사 차원에서 보습교사로 활동하려는 대학생을 더 많은 초중학교
가 장기적이고 조직적으로 활용하는 것이 필요하다고 생각한다.
미국의 사회기업가에 대해 잘 아는 와타나베 나나渡邊奈々는 권
말에 이렇게 언급했다.

"주변에서 흔히 볼 수 있는 사회의 모순을 알아차렸을 때 아마도 1,000명 중 999명은 그 모순을 개탄하고 불만을 터뜨리면서 그냥 살아간다. 그리고 단 한 명만이 '이렇게 하면 바뀌지 않을까……?' 하고 머릿속에서 그린 해결의 비전을 향해 전진한다."

정열과 신념을 지닌 한 사람의 행동이 사회를 바꾸는 크나큰 힘이 될 가능성은 일본에서도 마찬가지로 존재한다. TFA에 영감을 받아 TFJ를 창업한 마쓰다 유스케松田悠介(체육 교사 출신의 사회기업가)에게 성원을 보낸다.

아이 방에 책상은 필요 없다?

《머리 좋은 아이로 키우는 집》
頭のよい子が育つ家
시지마 야스시四十万靖 글,
와타나베 아키코渡邊朗子 그림

* 절판된 도서로 일본 표지를 게재함.

제목부터가 매우 강렬하다. 제1장에는 각 명문 중학교에 합격한 아이들의 집 구조도가 쭉 나열되어 있다. 그래서 처음에는 여러 주간지에 실린 중학교 입학시험과 관련한 연재 글을 모아 놓았나 싶었다.

'명문 중학교에 합격한 아이들의 방은 과연? 그 비밀을 공개한 다!'와 같은 기사가 충분히 있을 법하지 않은가. 그런데 아니었 다. 모든 가족이 주목해야 할 주거의 본질에 대해 쓰여 있다. 주 거의 종합 컨설턴트와 연구자가 함께 쓴 책으로 200세대에 이르 는 아이 방을 조사한 저자는 이렇게 강조한다.

> "명문 중학교의 입학에 성공한 아이는 대부분 자기 방 책
> 상에서 공부하지 않았다."

나 역시 《인생의 교과서 '집 만들기'》人生の教科書 [家づくり]라는 저 서가 있고, 세 아이의 성장 과정을 지켜보면서 집을 지은 경험이 있다. 또한 교장으로 근무했던 중학교의 '세상살이' 수업에서 '아 이 방은 필요한가?'를 주제로 학부형과 주택 건설업자와 더불어 토론을 벌인 적도 있다. 그래서 저자가 주장하는, 일본의 가정이 지나치게 서구식 각방주의의 영향을 받으면서 살고 있다는 사실 에서 눈을 떠야 할 두 가지 포인트가 충분히 이해되었다.

하나는 본래 일본의 주거가 가졌던 '개방성'으로의 회귀다. 아이가

공부하는 방과 거실 공간을 병풍 등의 칸막이로 구분해 놓은 집의 경우 시선은 가려지지만, 소리는 들리므로 서로를 느낄 수 있으며 아이는 방석에 앉아 공부한다고 한다. 아파트와 같은 현대 주택에서 사는 경우는 방문을 닫지 않는다는 규칙을 정해 놓은 가족도 등장한다.

또 하나는 전통가옥에서 볼 수 있는 이로리囲炉裏(일본의 전통적인 난방 장치로, 농가 등에서 방바닥 일부를 네모나게 잘라 그곳에 재를 깔아 취사용, 난방용으로 불을 피운다. 이것이 가족 소통의 중심지가 되기도 했다.—옮긴이)와 같은 효용이다. 온 가족이 모이는 소통의 공간으로 탁구대를 설치하고 친구들이 놀러 오면 탁구대회를 열기도 하고 때로는 식탁으로 또 때로는 공부 책상으로 사용한다는 가정도 있었다. 마찬가지로 거실 테이블을 공부하는 책상으로 삼다 보니 어느 사이엔가 책꽂이도 침대도 아예 거실로 옮겨 버렸다는 아이는 어쩌면 거실에서 캠핑하는 느낌일 것이다. 반대로 두 아이가 함께 지내는 아이 방에 접이식 좌식 테이블과 TV를 들여놓고 거실처럼 사용하는 가족도 있었다.

공부방에 가둬 놓으면 공부를 하겠거니 싶겠지만, 잘못된 생각이다. 커뮤니케이션의 부흥은 교육계에서 최대의 주제이기도 하다. 무엇보다 예시된 열한 개의 사례를 읽으면 중학교 입학시험에는 역시 어머니의 영향력이 크다는 사실을 느끼게 된다. '머리 좋은 아이로 키우는 집'이라기보다는 더 넓은 의미에서 일본인의 주거 생활에 대한 오해를 풀어 놓은 책이라 할 수 있다.
'아이가 성장하는 집'이라면 부모 역시 성장하지 않을까.

상상력을 넓힌다

《페코로스, 어머니의 보물 상자》
오카노 유이치岡野雄一 지음
라이팅하우스 출간

현재 치매에 걸린 부모님을 돌봐드리는 사람 또는 건망증이 심
해져서 치매가 의심되는 모든 사람이 지금 소개하는 이 만화의
위력을 체험해 봤으면 좋겠다. 나는 이 책을 읽고 '아, 그렇구나.
치매는 멍청해지는 것이 아니라(마이너스 측면만을 끄집어내는 매
스컴에 의해 각인되는 경우가 강하지만), 과거와 현재를 자유자재로
넘나드는 능력을 익히는 것이구나'라는 생각을 했다.
물론 매일매일 간호해야 하는 사람의 입장에서는 터무니없이 엄

격한 현실이지만, 저자인 오카노 유이치는 자신이 간호했던 어머니의 뇌 안에서 벌어지는 현상을 상상하며 더없이 다정한 시선으로 만화를 그려내고 있다. 보물 상자 안에는 어린아이가 되어 버린 어머니, 어린 오카노의 손을 꼭 잡아 주던 어머니, 벌써 오래전에 죽고 없는 주정뱅이 남편과 다시 만나 옛날을 그리워하는 어머니가 있다. 그런 과거의 장면이 뒤죽박죽 섞여서 이어진 풍요로운 세계가 펼쳐진다.

마치 순식간에 시간을 뛰어넘어 과거의 많은 장면을 연결하는 힘이 깃들어 있는 것 같다고나 할까. 그렇게 생각했더니 나도 아흔이 되신 아버지의 이런저런 기억이 뒤섞인 것을 일일이 바로잡아줘야겠다는 생각을 하지 않게 되었다. 정말이지 신기한 일이다. 어쩌면 아버지의 뇌 안에서는 어머니의 걱정과 달리 풍요로운 시간이 흐르고 있을지도 모르겠다.

진실을 바로 보다

《사기꾼과 천재》ペテン師と天才
고야마 노리오神山典士 지음

＊ 한국에 출간되지 않은 도서로 일본 표지를 게재함.

이 책은 클래식 세계를 뒤흔들어 놓은 사무라 고우치佐村河内 사건의 전모를 샅샅이 취재해 어쩌다가 그들 콤비가 성립되었는지 진상을 파헤친, 제45회 오야 소이치 논픽션상을 수상한 작품이다. 저자는 예전부터 알던 지냈던 르포라이터 중 한 사람인데, 열심히 발품을 팔아 얻어 낸 취재 내용에 오래전부터 취재하던 대상이 피해자가 되는 우연도 겹치면서 관계자가 아니면 그려 낼 수 없는 논픽션을 완성해 냈다.

그 사무라 고우치 사건의 진상이 아플 만큼 고스란히 느껴진다. 매스컴에는 그다지 등장하지 않았던 사기꾼 측의 속사정도. 나는 이 책을 읽고 나서 '히로시마'Hiroshima라는 곡을 다시 들어봤다.

좋아하는 것에서 일을 선택한다

《13세의 헬로 워크》13歳のハローワーク
무라카미 류 지음

* 절판된 도서로 일본 표지를 게재함.

'아차!' 싶었다. 이 책은 중학생을 위한 직업 백과 전집으로, 리크루트라는 직업 소개가 본업인 회사에서 사반세기를 보냈고, 그 후 공립중학교의 교장을 지낸 입장에서 내가 추진해야 할 일이 아니었을까 하는 생각이 들었다.

겐토샤幻冬舍의 창립 10주년 기념사업이었으므로 처음에는 여러 명이 취재하고 수집한 자료를 정리해서 '무라카미 류'라는 브랜드로 판매하는 것이 아닌가 생각했다. 절반은 분한 마음도 있었다. 하지만 틀린 생각이었다. 물론 자료를 수집한 취재자의 도움도 받았겠지만, 무라카미가 2년 반이라는 시간을 투자해 자신이 모르는 분야는 직접 취재하여 저자로서 꼼꼼하게 마무리한 책이다. 그러니 130만 부가 넘는 히트작이 되는 것은 당연했다.

이 책에서는 꽃, 동물, 스포츠, 공작, TV, 음악, 패션, 요리 등 여러 가지 '좋아하는 것'을 시작으로 514가지의 직업을 소개한다. 예를 들어 꽃이나 나무를 좋아하는 아이에게는 식물 채집가, 플라워 디자이너, 꽃꽂이 강사, 수목보호 기술자, 골프장이나 공원의 잔디 관리인, 식물원 직원, 조경사 등등 장래에 할 수 있는 다양한 직업을 소개하고 있다. 그런데 보통의 아버지들도 모르는 직업이 매우 많다.

띠지에 적힌 '좋은 학교를 나와 좋은 회사에 들어가면 안심이라는 시대는 끝났다'라는 결정적인 문구에 자극 받아 좋은 학교를 나와서 좋은 회사에 다니는 아버지로서 아이에게 사주고 싶어진 책이 아닐까 싶다. 특이한 점으로는 '마이코, 게이샤'나 '스트리퍼'와 같은 직업에 관한 소개를 들 수 있는데, '마이코'라는 직업에 대해서는 다음과 같은 설명이 붙어 있다.

"중학교에 다니면서 마이코가 되기 위한 기술을 배울 수도 있다. 법적 보호자와 함께 소개소를 찾아가 양쪽의 허락이 떨어지면 포주의 집에 함께 살면서 여러 가지 기예를 배우기 시작한다. (중략) 상상 이상으로 힘든 직업이므로 몸이 튼튼해야 함은 말할 것도 없다."

'작가'라는 직업에 대한 저자의 표현 또한 걸작이다.

"열세 살 아이가 작가가 되고 싶다고 상담해 온다면, 작가

는 사람에게 남겨진 마지막 직업으로 정말로 되고자 한다
면 언제든 될 수 있으니 지금은 우선 다른 것에 눈을 돌리
는 편이 좋다고 조언해야 할 것이다."

의사, 교사, 신문기자, 관료, 과학자, 경영자, 도박사, 유흥업소에
서 일하던 여자, 범죄자로 복역했던 사람이 후에 작가가 되기도
하는 등 작가가 되는 길은 많은데 반대의 경우는 거의 없기 때문
이다. 내가 교장으로 근무했던 와다중학교에서는 모든 교실에
이 책을 놓아두었다. 하지만 한자가 많아 중학생이 읽기에는 조
금 어렵다. 아이를 위한 책이라고는 하지만, 자신의 일과 인생을
되돌아볼 수 있는 부모를 위한 책이기도 하다.

불가능을 가능으로

《기적의 사과》奇跡のリンゴ―「絶対不可能」を覆し
た農家 木村秋則の記録
이시카와 다쿠지石川拓治 지음
김영사 출간

이 책은 NHK의 인기 프로그램 〈프로페셔널 일의 유의〉プロフェッショナル 仕事の流儀가 탄생시킨 책이다. 방송에서는 못다 한, '기적의 사과'를 만들어 낸 아오모리青森의 농부 기무라 아키노리木村秋則의 평소 모습을 논픽션 작가 이시카와 다쿠지石川拓治가 훌륭하게 정리했다. 불가능을 가능으로 바꾼 농부의 손에서 탄생한 '기적의 사과', 과연 무엇이 기적이라는 것일까? 프로그램 감독 시바타 슈헤이柴田修平의 소개말은 이랬다.

"방송은 도쿄의 어느 한 동네에 있는 레스토랑 장면에서 시작됩니다. 6개월 후까지 예약이 꽉 차는, 아는 사람은 다 안다는 히든 레스토랑. 그 레스토랑의 간판 메뉴 중 하나가 '기무라 씨의 사과 수프'입니다. 셰프 이구치 히사카즈井口久和가 사과를 손질하면서 중얼거립니다. 썩지 않아요. 이 사과를 재배한 분의 정성이 담겼는지……."

방부제를 사용한 것이 아니다. 완전 무농약 재배를 통해 얻은 자연 그대로의 사과인 것이다.

"농약도 비료도 쓰지 않았는데 어떻게 사과가 열리는지 과학적인 메커니즘으로는 밝혀지지 않았습니다. 분명히 말할 수 있는 사실은 잡초가 무성한 기무라 씨의 밭에는 많은 벌레가 살아 숨 쉬고 개구리가 알을 낳고 새들이 지저귀는 소리가 있다는 것이죠. 그야말로 기분 좋은 장소입니다. 사과나무 입장에서도 분명 기분 좋은 장소가 아닐까요?"

무농약 사과의 재배에 성공하기까지 기무라가 겪은 무수한 시행착오를 굳이 언급하지 않고 내용의 일부분만 발췌해 보기로 하겠다. 사과나무를 망치는 해충과의 싸움에 지친 그가 사과 상자를 경트럭 짐칸에 실어 묶을 포승줄을 들고 산을 오르는 장면이다.

"히로사키弘前의 야경이 매우 아름다웠다. 어째서 히로사키는 이토록 아름다울까 하고 생각했다. 7월 31일이니 마을에서는 축제 전야제가 한창일 터였다. (중략) 미련 따위는 전혀 없었다. 며칠이나 씻지 못했는데 오랜만에 목욕했을 때처럼 산뜻한 기분으로 이와키 산에 올라갔다."

이 책의 맺음말에는 다음과 같은 평이 있다.

"기무라 씨의 사과는 '사과 본래'의 맛이 난다. (중략) 마치 '맛의 조각품'과 같은 감촉이 남는다. (중략) 약물 과다의 무균 상태에서 영양제를 주입 받는 느낌이다. 그것은 우리 문명인 자신의 모습이 아닐까. 기무라 씨가 발견한 '사과 본래의 힘'을 끌어내는 비결은 우리의 삶에 그대로 이어진다. 과연 우리는 자기 내부의 생명력을 되살릴 수 있을까?"

지금 어떠한 이유로 궁지에 몰린 사람이 있다면 '뉴턴보다, 라이트 형제보다 위대한 기적을 이뤄 낸 남자의 이야기'를 꼭 읽어 보기 바란다.

색다른 인생 지침서

《지금 내가 할 수 있는 건 공부밖에 없다》
手紙屋―僕の就職活動を変えた十通の手紙
기타가와 야스시喜多川泰 지음
살림출판사 출간

판매 부수 200만 부를 넘은 베스트셀러《꿈을 이루어 주는 코끼리》夢をかなえるゾウ에도 필적할 만한 책으로 '행복과 성공'의 기술을 친절하게 가르쳐 준다. '코끼리'는 간사이 사투리를 말하는 인

도의 신이라는 기상천외한 설정이었는데, 지금 소개하는 이 책은 고민이 많은 젊은이에게 편지 쓰는 일을 생업으로 삼고 있는 익명의 편지가게 아저씨라는 설정이 독특하다.

그런데 두 책 모두 어딘지 모르게 미덥지 못한 남자아이가 가르침에 따라 성장해 가는 '성장 게임'(게임 용어로 '다마고치'와 같은 육성 시뮬레이션을 말함)과 같은 형태를 취하고 있다는 점에서 비슷하다. 저자는 학원 선생님이다. 나는 서른다섯에 미디어팩토리라는 출판사의 창업에 관여하면서부터 쭉 '행복과 성공'에 관한 지침서 종류의 책에 관심이 많아 눈여겨봐 왔는데 이 책은 매우 색다르다. 다음의 두 가지 가르침에 이 책의 특징이 나타난다.

먼저 저자는 인간끼리의 교류는 모두 '물물교환'이라는 사실을 깨달아야 한다고 훈계한다. 세계 어디서든 자신이 원하는 것을 손에 넣는 방법은 그 대상이 물건이든 우정이든 간에 '물물교환'이라는 사실이다.

> "상대방이 가지고 있는 것 중에서 자신이 원하는 것과 자신이 가지고 있는 것 중에서 상대방이 원하는 것을 서로가 적당하다고 생각하는 양으로 교환한다."

그러므로 돈으로 뭔가를 살 때도 그것은 '상대방이 가지고 있는 것 중에서 자신이 원하는 것과 자신이 가지고 있는 것 중에서 상대방이 원하는 돈을 서로가 적당하다고 생각하는 양으로 교환하는 것'이라고 할 수 있다. 초중생에게도 가르쳐 주고 싶을 정도로 명료한 거래에 관한 정의다.

다음으로 나의 마음에 들었던 내용은, 사람은 주어진 '칭호'대로의 인간이 되려고 하므로 당신이 타인에게 긍정적인 '칭호'를 달아 주면 그 자체가 세상에 이바지하는 것과 같다는 것이다. 예를 들어 "당신이 하는 일은 훌륭한 지사였던 누구누구와 같다."라든가 "당신은 나중에 큰 인물이 될 것이다."라고 제자나 부하 직원이 용기를 가질 수 있는 말을 해주는 것이다.

"상대방에게 어떤 칭호를 달아 주거나 수식어를 붙여 주는 것만으로도 당신은 그 사람의 인생에 없어서는 안 될 존재가 된다. 그리고 당신이 준 칭호가 다른 사람에게는 물물교환의 대상이 된다는 사실을 명심하자."

부하 직원이 잘 따르도록 해야 하는 관리직에게는 실로 금언이 아닐 수 없다.

창조성을 공유하다

《뇌와 창조성》
脳と創造性: この私」というクオリアへ
모기 겐이치로茂木健一郎 지음
* 한국에 출간되지 않은 두 서로 일본 표지를 게재함.

뇌가 움직임을 멈추면 사망에 이른 것으로 본다. 그런데도 평소 우리는 그다지 의식하는 일이 없는 것 같다. 물론 '나'라는 의식도, 새로운 것을 창출하는 창조성도 이 뇌라는 기관에서 관장한다. 21세기 안에 모든 창조를 지배하는 뇌 기능이 해명되어 우리는 과거 '신'이라고 불렸던 존재에 다가갈 수 있게 될까? 요로 다케시養老孟司는 이 책의 띠지에 다음과 같이 말한다.

"창조성은 현대의 중심 과제임에도 불구하고 암묵적 전제인지 아무도 생각해 보려 하지 않았는데 모기 씨가 뇌의 측면에 서서 진지하게 그 첫걸음을 내디뎠다."

저자는 뇌 과학자로 여러 매체에도 자주 등장하며 '창조성'에 대해 다음과 같이 설명한다.

"창조성의 본질에는 타인과의 소통이 깊이 관여한다. (중략) '독창성은 개인에게만 깃든다'고 단언했던 아인슈타인조차도 그의 아내나 친구들과 의논을 거듭하는 것이 창조 프로세스에 불가결했다."

창조는 개인의 내부에서 일어나는 것이 아니라 소통을 통해 '타인과의 사이에 깃든다'고 생각하는 편이 좋다고 지적한다. 우리가 표현이라는 행위를 하면 그 표현을 받은 타인으로부터의 반응이 다시 뇌에 피드백된다.

"우리 뇌의 아키텍처는 외부로 일단 출력되었다가 그것을 감각으로써 다시 입력해야만 정보의 루프가 닫히지 않도록 이루어져 있다."

비즈니스에서 새로운 움직임을 전개하려고 할 때 회의 자리에서뿐만 아니라 이메일이나 SNS를 매개로 더욱 깊이 논의하는 것이 유효하다는 점에는 더 이상 의심의 여지가 없을 것이다. 자신의 의견을 받아들인 상대방의 생각이 '〉' 마크가 붙은 자신의 발언을 인용한 것과 더불어 되돌아왔을 때 '아아, 내가 이런 말을 했구나!' 하는 솔직한 생각과 함께 '내 말에는 이런 의미가 있었구나!' 하고 새삼 깨닫기도 한다. 이러한 거듭된 축적이 뇌를 활성화한다.

창조성이 큰 조직을 만들고자 할 때 기업에서는 직원들에게 억지 춘향 같은 창조형 리더십에 관한 연수를 실시하기보다 타인과의 일상적인 대화 기술을 중시하는 커뮤니케이션과 관련된 연수를 하는 편이 유효하다는 사실도 깨닫게 한다. 나의 옛 보금자리였던 리크루트도 커뮤니케이션의 활성화를 중시하는 회사였다. '뇌'腦라는 한자의 부수는 신체 부위를 나타내는 육달월이다. 오른쪽은 머리카락이 난 두부를 가리킨다고 한다. 그러고 보니 왠지 예술적인 얼굴로 보이는 것 같기도 하다.

중학생만을 위한 책이 아니다

《14세부터의 철학》
14歳からの哲学 - 考えるための教科書
이케다 마사코 池田晶子 지음

* 한국에 출간되지 않은 도서로 일본 표지를 게재함.

나는 열네 살이라는 나이가 인생의 중요한 전환기임을 의심하지 않는다. 그래서 늘 '아이로서의 끝이며 어른으로서의 시작'이라고 표현한다. 옛날 같았으면 벌써 성년식을 치르고 결혼도 하여 어엿한 한 사람으로서의 몫을 다하는 성인으로 전장에 나갔다. 열다섯이 지나면 현대에도 노동기준법에서 취업이 인정되며 민법에서는 성을 변경하거나 유언도 가능하고, 장기이식을 하는 권리도 주어진다. 소년법에서도 아시는 바와 같이 14세부터 형벌이 적용되고 있다.

이 책은 중고생을 대상으로 한 철학 교과서와 같은 내용이지만 '사람은 열네 살 이후 한 번쯤 생각해 봐야 할 일이 있다'고 경고하고 있다. 하지만 어쩌다 보니 지금까지 중요한 것에 대해 고민해 보지 못하고 여기까지 온 어른들의 사고 회로를 다시 가동시키는 열쇠가 될 수 있을지도 모르겠다. 청소년기에 재미없는 선생님한테 '윤리와 사회'를 배워 소크라테스와 플라톤, 아리스토텔레스가 뒤죽박죽 섞인 사람도, 대학 시절 철학 시험을 대비해 데카르트와 칸트, 헤겔의 사상적 차이를 통째로 암기해야 했던 사람도 이제는 그런 위인의 말에 겁먹을 필요가 없다.

철학책에서 흔히 볼 수 있는 많은 양의 인용을 배제하고, 독자로 하여금 친숙한 것에서부터 생각해 볼 수 있도록 기회를 주니 말이다. 이야기를 풀어 나가는 표현이 경쾌하고 교묘해서 이해하기도 쉽다.

"여러분은 어떻게 생각할까? 살아간다는 게 멋진 일이라고 생각할까. 아니면 재미없다고 생각할까. 그것도 아니면 어느 쪽인지 잘 모르겠다. 그저 앞으로 어떻게 되겠지 하는 생각을 하는 경우가 대부분일까."

야구 선수 이치로ィチㅁ와 가수 우타다 히카루宇多田ㅌカル를 예로 들면서 '자신은 누구인가?' '죽음을 어떻게 생각하는가?' '타인이란 무엇인가?' '연애와 성' '일과 생활' '인생의 의미' '존재의 수수께끼' 등에 관한 이야기를 진행해 나간다. 저자의 주장은 명쾌하다. 반복하여 다음과 같이 서술하면서 '정신'의 중요성을 지적한다.

"정신이 풍요롭다는 것만이 인생이 풍요롭다고 하는 것의 의미이기 때문이다."
"정신이라는 그 자체로 자신이란 인류, 인류의 역사 그 자체가 아닐까?"
"인간이 자기 자신을 정신이라고 확실히 자각할 때 거기에는 '안'도 '바깥'도 없는 장대한 조망이 펼쳐지게 된다."

중학생이 '모든 것은 정신이다'라는 것을 이해할 수 있을까 하는 문제는 제쳐 놓고라도 먼저 의문을 갖고 스스로 생각하는 것에서부터 시작하자는 작가의 제안에 충분히 찬성하는 바다. 만일 비즈니스맨이라면 먼저 '경기가 좋지 않아서 물건이 안 팔린다' 는 것에 의문을 가져 볼 필요가 있을 것 같다. 이를테면 개인은 돈을 가지고 있다. 지금 안 팔리는 이유는 정신적인 충족을 얻지 못해서가 아닐까 하고 말이다.

'탕관'이라는 벤처 비즈니스

《사체와 유체》
死体とご遺体 夫婦湯灌師と4000体の出会い
구마다 곤야熊田 紺也 지음

* 한국에 출간되지 않은 도서로 일본 표지를 게재함.

일상의 대화에서 금기시되는 '사후에 관한 내용'을 다룬 책이다. 단, '저세상'의 이야기가 아니다. 이 세상과 저세상 사이에서 이루어지는 장례 서비스에 관한 이야기다. 저자는 현역 탕관사로 유체를 목욕시키는 일을 하는 전문가다. 원래는 TV 광고 프로덕션에서 제작을 담당했었는데 30대에 독립한 후 거품경제의 붕괴로 도산하면서 빚을 갚기 위해 마흔아홉 살에 이 일을 시작했다고 한다.

'탕관'湯灌(관에 넣기 전에 시신을 목욕시키는 일—옮긴이)이라는 단어가 낯설 수도 있다. 일의 단계를 설명하자면 자연사의 경우에는 다음과 같다. 먼저 욕조를 상갓집 방에 옮긴 후 유체를 깨끗이 씻기 위해 유족이 사카사미즈逆さ水(보통과 다르게 찬물에 뜨거운 물을 부어가면서 미지근하게 조절한 물로 유체를 씻을 때 이용하는 방법—옮긴이)로 고인의 몸을 적신다. 그다음 손톱을 깎고, 수염을 깎고, 머리를 감기고, 세수를 시킨 다음 전신을 씻기고 닦아 낸 후 옷을 갈아입히고 얼굴을 화장하여 안치한다.

이 과정을 끝내야 비로소 '사체'가 '유체'가 된다. 저자의 경우 '엔젤 메이크업'이라고 불리는 화장 일은 파트너인 아내가 맡고 있다. 4,000구의 탕관 일을 해온 저자가 죽음을 통해 투영해 본 사회에 대한 복잡한 마음이 흥미롭다.

> "우리가 다루는 유체는 전체 중 20퍼센트 정도가 자연사가
> 아닌 경우, 이른바 특수 사례에 속한다. 사인을 보면 사고
> 사, 자살, 살인, 행로병자, 고독사 등을 들 수 있다. 외국인도
> 여기에 포함된다."
> "가족 모두가 먼저 잠들고 마지막에 욕실을 이용하다 사망

한 경우는 아무래도 발견이 늦어지면서 모습이 바뀌어 있다. (중략) 처치할 때 첫 단계는 수분 처리다. 유체는 수분을 많이 함유하고 있어 먼저 신문지를 사용해 유체가 훼손되지 않도록 살짝 감는 식으로 전신을 몇 겹으로 감싸 수분을 제거한다.”

1946년 교토에서 태어난 저자는 제1차 베이비붐 세대에게 '탕관사'로서의 제2의 인생을 권한다. 이 업계에는 지금도 인재가 부족하다고 한다. 뭐니 뭐니 해도 사체 처리라는 것은 특수한 일이다.

“하지만 그렇기에 더더욱 벤처 비즈니스로 봐야 할 것이다. 첫째 아직은 이 일을 하는 사람이 적다. 둘째 설비는 우선 차 한 대, 파트너 한 명으로 시작할 수 있다는 점이 좋다. 셋째 장례 업계에서는 지금은(탕관 서비스는) 옵션 항목이지만, 머지않아 기본적인 서비스로 자리 잡을 것이다. 넷째 무엇보다 상을 당한 가족에게 도움이 되는 일이다.”

듣고 보니 수긍이 간다. 역시 전 광고 기획자답다. '탕관'이라는 일은 벤처 비즈니스였다.

다음 세대에게 무엇을 맡길 것인가

《생명의 배턴》いのちのバトン
시무라 기요에 志村季世恵 지음

* 한국에 출간되지 않은 도서로 일본 표지를 기재함.

이런 직업이 정말로 있을까 하고 고개를 갸웃거리는 독자도 있을
지 모르겠다. 저자는 여섯 살부터 열여덟 살까지의 네 아이를 둔
어머니로, 삶과 죽음에 관한 상담사로 일하고 있다. '버스 테라피'
Birth Therapy라는 일을 한다고 하면 산후우울증을 앓는 출산 직후
여성의 심리 상태를 치유하는 치료사를 말하나 싶을 것이다.

그런데 저자의 경우는 말기 암 환자 등의 요청에 따라 임종 때까
지 곁에서 얘기를 들어주거나 소원해진 가족과의 관계를 회복하
기 위한 가교 구실을 한다. 서구에서는 잘 알려진 '슬픔 치유'Grief
Care라는 영역의 일이다. 죽음을 앞둔 사람의 상담을 '버스 테라피'
라고 한다니 환생을 믿는 종교적 시술인가 싶었다. 그런데 그게
아니라 실은 남은 가족이나 친구에게 삶을 배턴 터치한다는 의미

의 '재생'이었다.

"생명의 탄생과 죽음, 이 두 가지는 양극단에 존재하지만 어디선가 연결되어 있다고 생각합니다. 죽음은 끝이 아니라, 사망한 후에 남겨진 사람에게 깃드는 그 '생명의 배턴'을 뭐라 설명하면 좋을까요."

이 책에는 그에 대한 설명이 아니라 업무일지와도 같은 저자의 체험이 담담하게 그려져 있다. 예를 들면 어마어마한 부를 거머쥐었으면서도 직장암을 앓고 수술 후에 전이되었다는 얘기에 충격을 받아 자택의 벽장 속에 숨어 밖으로 나오지 않는 오카베라는 사람이 있었다. 그 상황에서 저자는 그를 설득하기보다 함께 벽장으로 들어가 숨는 길을 택한다. 결국에는 꼬르륵거리는 소리에 아무에게도 마음을 열지 않았던 오카베는 "배가 많이 고팠나 보군?" 하며 스스로 벽장에서 나와 저자를 데리고 국숫집으로 간다.

일본의 노인들은 평균 1,500만 엔의 현금 자산을 가진 채 죽는다고 한다. 1년에 70만 명 이상이 사망하고 있으므로 그 현금을 살아생전 자신들을 위해 사용한다면 10조 엔의 경제적 효과가 발생한다. 서적 정보지 《다 빈치》의 창간 편집장이었던 나의 친구 나가조노 야스히로長薗 安浩는 그의 데뷔작 《축복》祝福에서 "노인이 죽지 않는 나라에 태어나는 아이들은 힘들기만 할 뿐이야. 그런 나라는 아무리 발버둥 쳐도 파멸하게 돼 있어."라며 주인공을 통해 단언한다. 구원은 바로 이 책에서 말하는 '배턴 터치'에 있다.

물러날 때, 건네줄 때, 죽을 때, 즉 출구의 연출이 입구보다 중요한 시대가 되기 시작했다. 제1차 베이비붐 세대가 꼭 한번 읽어봤으면 하는 책이다.

비극을 어떻게 막을 것인가

《자살예방》自殺予防
다카하시 요시모토 高橋祥友 지음

* 한국에 출간되지 않은 도서로 일본 표지를 게재함.

1989년 이후 자살하는 사람이 연간 3만 명을 넘고 있다. 교통사고로 인한 사망자의 네 배가 넘는다. 최근에는 15분에 한 명꼴로

희생자가 발생하고 있다는 계산이다. 더는 금기시한다고 될 일이 아니기에 2000년 6월 '자살 내책 기본법'을 제정했다.

이 책은 정부나 기업, 고령자를 껴안고 있는 모든 가족이 자살에 대해 생각해 볼 수 있는 균형 잡힌 지식을 제공한다. 저자는 유엔의 자살 예방을 위한 가이드라인 작성에도 관여했던 정신과 의사다. 고령자를 껴안고 있는 모든 가족이라고 썼지만, 사실은 40~50대의 한창 일할 나이에 있는 자살자가 급증하고 있다. 특히 중학생 자녀가 있는 아버지 세대에서는 사망 원인 1위가 병사가 아닌 자살이다.

그런 까닭에 나는 와다중학교에서 3학년을 대상으로 한 '세상살이' 수업을 통해 자살하려는 친구와 그것을 말리려는 친구와의 대화를 설정한 역할극을 하거나 '자살은 용서받을 수 있을까'라는 주제로 토론하는 기회를 마련하기도 했다. 교육 관계자 사이에서 중학교 수업에서 자살을 다루는 것은 시기상조라는 얘기도 나왔지만, 그런 잠꼬대 같은 소리를 하고 있을 수만은 없다는 것이 이 책을 읽으면 이해될 것이다.

"무사의 할복과 같은 이미지가 널리 침투하고 있는 탓인지 일본에서는 많은 사람이 굳은 각오로 자살한다고 하는 선입관을 가지고 있다. 하지만 자살은 결코 자유의사에 따라 선택된 죽음이 아니라, 오히려 대부분의 경우 다양한 문제를 껴안은 끝에 그렇게 할 수밖에 없는 '강제'된 죽음이다."

저자는 이렇게 지적한다.

"대략 열 명 중 한 명은 일생의 어느 한 시기에 우울병 진단
에 해당하는 상태가 된다. 우울병은 결코 드문 병이 아니
다. 지금은 우울병을 '마음의 감기'라고 부르기도 하지만,
'감기가 만병의 근원'이라는 말도 있듯이 마음의 감기도 내
버려 두면 최악의 경우에는 '마음의 폐렴'이 되어 목숨을
잃을 수도 있다."

우울병의 조짐을 알아차리는 것이 본인이나 가족 또는 회사에서
도 가장 효과적인 포인트다. 부작용이 적은 항우울제도 개발되고
있고 다양한 심리 요법도 생겨나기 시작하여 우울병의 85퍼센트
는 치료에 반응한다는 데이터도 있다. 나는 중학생 아이들에게도
"열네 살 때쯤에는 누구나 정신적 흔들림을 체험한다. 죽고 싶다
는 마음이 들면 먼저 '우울증'이라는 병일지도 모른다고 의심해
보도록 하자. 아프면 혼자 해결하려고 할 것이 아니라 병원에 가
야 한다."고 가르쳤다.
세계적으로도 매년 약 100만 명이 스스로 목숨을 끊고 있다. 살
인이나 전쟁으로 사망하는 사람보다 많다. 그야말로 마음의 내

전이 아닐 수 없다.

친구는 정말로 없어서는 안 되는 것일까

《친구가 없으면 불안한 증후군에
효과적인 수업》
友だちいないと不安だ症候群に効く授業
사이토 다카시齋藤孝 지음

* 한국에 출간되지 않은 도서로 일본 표지를 게재함.

아이들의 '친구력'이 위험하다고 하는 위기감에서 쓰인 책이다.
저자 사이토 다카시뿐만 아니라 나를 포함해 전 일본의 어른이
우려하고 있는 문제이기도 하다. 학교라는 일상에서는 특히 따돌
림, 등교 거부, 은둔과 같은 현상으로 나타나며, 나아가 사회인이
되고 나서는 니트NEET(자발적 실업자로 학생이 아니면서 직업이 없고
직업 훈련도 받지 않는 젊은이—옮긴이)나 실업과 같은 사회문제의
근간에까지 그림자를 드리우게 된다. 그렇다면 친구력이란 무엇
인가? 내용이 다소 길지만, 사이토 다카시의 정의를 인용해 보자.

이 책의 목적이 1쪽가량에 잘 나타나 있으니 말이다.

'친구력'은 친구와의 인간관계를 잘 조절하는 힘으로, 친구를 만드는 힘과는 조금 다르다. 때로는 관계가 멀어질 수도 있고, '없으면 어때?' 하는 마음을 포함해서 친구와의 거리를 조절하는 힘을 말한다. '친구를 몇 명이나 사귈 수 있을까?' 하고 만들려고 하면 할수록 피곤해지며 자기 의사와 상관없이 그룹에 껴야 하는 상황이 벌어질 수도 있고, 그런 일을 계기로 제4장에서 소개한 시카가와 군의 사건처럼 따돌림을 당하다가 끝내 자살하고 마는 비극을 낳기도 한다. 친구라는 것은 지나치게 갖고 싶다고 해도 좋지 않다. 메일을 주고받는 친구가 100명이 넘는다느니 200명이 넘는다느니 하면서 경쟁 아닌 경쟁을 하다 보면 나중에는 압박감으로 다가온다. 친구는 그렇게 수를 세는 게 아니며, 없을 때도 있다고 생각하면 오히려 마음이 편안해질 것이다.

이는 어른에게도 도움이 되는 설명이 아닐까 싶다. 나 역시 중학교 교장을 지냈던 5년간 교장실에 놓아 둔 만화책을 읽으러 오는 학생들과 대화하거나 함께 운동했던 경험, 따돌림을 당한 다음 생활 지도를 통해 거리감 또는 인간관계의 틈에 당혹스러워하는 아이들의 모습을 봐왔다.

옛날처럼 많은 형제자매와 관계를 맺으면 부대끼는 일도 없고, 지역사회에서 다른 세대와의 교류가 활발한 것도 아니므로 인간 관계에 어려움을 느끼는 것은 당연하다. 게다가 현대사회는 친구끼리의 '거리감'을 잃게 하는 도구가 만연해 있다. 말하지 않아도 누구나 아는 휴대폰과 TV의 영향이다. 휴대폰은 아이들에게 SNS를 통해 언제든지 연락을 주고받으며 항상 이어져 있다고 하는 환상을 심어 준다. 그것이 진정한 마음의 교류를 동반한 소통이 아니어도 말이다.

이 책에서는 아이들의 커뮤니케이션 기술을 높이는 수업을 소개하고 있다. 예를 들면 '편애 지도'는 두 사람이 한 조가 되어 각자 자신이 '편애하는 것'을 종이에 써낸 다음 서로 이야기하면서 소통을 더욱 깊게 해나가는 것이다. 그 밖에도 전국의 학교에서 실천했으면 싶은 것은 제4장에 소개하는 '왕따 자살 사건'을 다룬 수업이다.

1986년에 나카노후지미중학교 2학년인 시카가와 히로후미 군이 친구들의 따돌림으로 힘들어하다 자살한 사건이 있다. 그 사전을 조사하던 중 '장례식 놀이'에 선생님도 가담했다는 사실이 발각되면서 세상을 격분케 했다. '따돌림'을 다룬다고 하면 많은 선생님이 아무래도 도덕적으로 감정에 호소하여 '따돌림은 나쁘다'고 교조적으로 훈계하는 수업을 상상하겠지만, 저자는 그 방법을 쓰지 않는다.

물론 그 당시 사건에 관한 개요를 학생들에게 파악시키기 위해 신문기사 등을 인용했지만, 주요 교재는 그 사건이 있은 지 8년 후 대학 4학년이 된 동급생의 증언을 담은 것이다. 전 아사히 신문기자 도요타 미치루豊田充의 인터뷰 기사를 정리한 책《'장례식 놀이' 8년 후의 증언》葬式ごっこ」八年後の証言에 따르면 오카야마 군이 "자신이 약한 인간임이 알려지는 것이 죽을 만큼 싫었다."고 말하는 내용이다.

예를 들어 당사자의 유서를 읽고 그 비참함에 눈물을 흘리게 할 뿐이라면 그것은 마치 미토 고몬의 인롱(암행어사의 마패와 같은 역할—옮긴이)을 내보이는 것처럼 학생들의 입을 다물게 할 뿐이다. 감정이 모든 것을 지배하는 '사고 정지 상태'에 이른 것이다. 그렇다면 어떻게 하면 학생들의 이성을 자극할 수 있을까. 따돌림의 주동자는 아니지만, 그것을 말리지 못한 학급 친구의 '8년 후의 증언'이라는 교재는 학생들로부터 다양한 말을 끌어낸다.

사실 내가 교장을 지냈던 와다중학교는 나카노후지미중학교에서 걸어갈 수 있는 거리에 있다. 그런 인연도 있고 해서 나는 저자의 허가를 받고 이 책의 일부를 복사해서 수업 교재로 사용하기도 했다. 나이 든 선생님 중에는 "그런 수업은 잠든 아이를 깨우게 된다."며 무지각한 말을 하는 사람도 있었지만, 나는 "자는 것은 언제나 선생님들이지 아이들은 이미 오래전에 깨어 있다."고 대답하곤 했다.

이 책을 한 손에 들고 '친구가 없으면 불안한 증후군'이나 '왕따 자살 문제'에 정면으로 부딪쳐 보려는 선생님이나 학부형이 한 사람이라도 더 많아진다면 기쁘겠다.

교육에 따라다니는 오해를 풀다

《학력의 경제학》「学力」の経済学
나카무로 마키코中室牧子 지음

* 한국에 출간되지 않은 도서로 일본 표지를 게재함.

글자 그대로 '학력'을 '경제학'으로 만들어 버린 눈이 번쩍 뜨이는 책이다.

"보상으로 아이를 낚아서는 안 되나?" "인생의 성공에 필요한 공부는 어떤 공부?" "소인수 학급은 효과가 있을까?"……고정관념, 이상론, '이러이러해야 한다'는 당연론, 감정론으로 풀어 오던 교육론에 마침내 과학적 근거(증거)를 들고 결판을 내리려는 학자가 나타났다. 저자는 바로 다케나카 헤이조竹中平蔵(경제학자이자 게이오기주쿠대학교의 교수이며 고이즈미 전 총리 밑에서 개혁 작업을 담당했던 인물―옮긴이)의 제자로 일본은행 출신이다.

지금 아이들이 어른이 되었을 때 일본이 살아갈 길

《신 관광입국론》新·観光立国論
데이비드 앳킨슨David Atkinson 지음

* 한국에 출간되지 않은 도서로 일본 표지를 게재함.

우리의 아들딸이 고향에 남기를 바란다면 그 희망은 바로 관광산업이 부상하느냐 침체되느냐에 달려 있을지도 모르겠다. 전작 《영국인 애널리스트 일본의 국보를 지키다》イギリスのアナリスト日本の国宝を守る도 좋았는데, 부활의 비책은 '관광입국観光立國(국내의 특색 있는 자연경관, 도시 관광, 미술관과 박물관을 정비하여 국내외 관광객을 유치함으로써 국가 경제를 지탱하는 기반의 하나로 삼자는 정

책―옮긴이)에 있다!'는 주장이 더욱 명쾌하다.

200만 명이 모여드는 교토조차 외국인 유치에 실패하고 있지만, 그 두 배에 이르는 관광객을 끌어 모을 수 있다고 한다. 저자는 교토에 거주하면서 창업 300년의 국보 및 중요문화재의 보수를 담당하는 고니시 미술공예사의 대표이사다.

아이와 함께 읽는
부모의 필독서 11권

세대를 넘어 읽혀 온 그림책

《개구쟁이 꼬마 원숭이 우주비행사가 되다》
Curious George Gets a Medal
한스 아우구스토 레이Hans Augusto Rey
지음

* 한국에 출간되지 않은 도서로
일본 표지를 게재함.

런던에서 살 때 주변과의 소통이 어려웠던 아들이 자신과 주인공
원숭이 조지를 동일시하기라도 하듯 여러 번 읽어 달라고 졸랐던
책이다. 이 책은 함께 사는 노란 모자를 쓴 할아버지가 집을 비운
사이 주인공 원숭이 조지가 잉크를 바닥에 쏟고 마는데 그것을 씻
어내려고 온 집 안을 물바다로 만든 사건에서 시작된다.
물을 쓸어내기 위해 펌프를 옮기다가 잘못해서 농가의 돼지가

한 마리도 남지 않고 모조리 도망가 버리는 사건을 일으킨 후 농부에게 쫓기다가 뛰어오른 차가 마을 박물관에 도착하자 그곳에 잘못 들어가 공룡 전시물을 망가뜨리고 만다. 6권으로 구성된 시리즈 중에는 이 밖에도 《개구쟁이 꼬마 원숭이 병원에 가다》 Curious George Goes to the Hospital, 《개구쟁이 꼬마 원숭이 연날리기》 Curious George Flies A Kite 등이 있는데, 모두 채플린의 소란스러운 희극과 같은 소동이 악의 없는 원숭이에 의해 발생한다. 하지만 마지막에는 반드시 해피엔딩으로 끝나는 마음이 따뜻해지는 책이다.

이 책의 마지막은 박물관 관장 와이즈먼 박사에게 부탁을 받은 원숭이가 우주 로켓을 타고 '우주 원숭이 제1호'의 영예를 안게 된다는 기상천외한 결말로 끝난다. 전편에 흐르는 '통쾌함'이 '개구쟁이 꼬마 원숭이'의 자산이다. '개구쟁이 꼬마 원숭이' 조지는 노란 모자를 쓴 아저씨가 하는 말이나 아이들의 말은 알아듣지만, 말도 못하고 글도 못 읽는다. 그래서 의식은 점점 발달하는데 아직 말로 표현하는 힘이 제대로 갖춰지지 않은 4~5세 아이를 대표한다.

그리고 평소 장난을 치고 싶어도 바로 부모에게 저지당하는 아이들이 정말로 해보고 싶어 하는 순진한 장난을 조지는 책 속에서 맘껏 펼쳐 준다. '개구쟁이 원숭이'는 때로 아이 자신이며 아이의 바람이며 또한 통쾌하고 굉장한 희극이기도 하다.

《바바파파의 집 찾기》
La Maison De Barbapapa
아네트 티존Annette Tison 지음

* 한국에 출간되지 않은 도서로
  일본 표지를 게재함.

어른에게는 환경 문제를 생각할 수 있는 기회를 주는 좋은 작품
이다. 바바파파 패밀리는 체형을 자유자재로 바꿀 수 있는 점토
나 탄성고무와 같은 소재로 이루어진 몸을 지닌 가족이다. 아버
지 바바파파와 어머니 바바마마 외에 순서는 정확하지 않지만,
바바모자, 바바피카리, 바바벨, 바바립, 바바즈, 바바브라보, 바바
라라의 일곱 형제가 있다.

살던 집이 작아서 더는 살 수 없게 된 바바파파 패밀리는 마을 안
에 있는 오래된 빈집에 들어가 각자의 생각대로 집을 꾸며 지낸
다. 그런데 이미 부동산 업자에게 넘어간 상태였는지 어느 날 갑
자기 '괴물 같은 기계'(크레인이나 불도저)가 주변의 낡은 집들을
모조리 부수기 시작한다. "10층짜리 건물 단지가 생기니 그쪽으
로 이사해 주십시오."라는 말을 듣고 거기서도 살아 보지만 바바
파파 패밀리는 도저히 아파트가 좋아지지 않는다.

그래서 결국 교외 언덕 위에 플라스틱으로 바바파파의 형태와 같은 집을 짓고 포도와 딸기를 키우며 평화롭게 살아간다. 하지만 또다시 '괴물 같은 기계'가 찾아온다. 바바파파와 가족들은 친구 프랑수아와 끌로디누와 함께 플라스틱 폭탄으로 대항한다. 그리고 마지막에는 승리를 거머쥐고 가족의 평화를 되찾는다고 하는 스토리다.

바바파파(연분홍)와 바바마마(검정)와 형제들 외에는 비교적 옅은 색으로 배치되어 있다. 배경도 흰색이 많아 아이들의 낙서하고 싶은 심리를 간지럽힌다. 나의 아들은 여백에 크레인을 그려 넣거나 바바파파 가족의 집을 여러 가지 색깔로 칠하는 등 이 그림책으로 색칠하기를 즐겼다. 아내는 싫어했지만, 나는 허락했다. 자신도 뭔가 만들어 내고 싶다는 생각이 들 정도로 자극을 받았던 게 아닐까.

그래서 앞으로 아이에게 그림책을 사줄 때는 두 권을 사든지 아니면 헌책방에서 낡아빠진 것이라도 좋으니 한 권 더 구해서 맘껏 낙서하도록 하면 어떨까 하는 생각을 해봤다.

《언제나 널 사랑할 거야》
I'll Always Love You, by Hans Wilhelm
한스 빌헬름Hans Wilhelm 지음
정인출판사 출간

읽다가 눈물이 왈칵 쏟아져서 마지막 페이지는 제대로 읽을 수 없었던 책이다. 주인공 나와 개 엘피는 태어났을 때부터 함께 컸다. 물론 엘피가 훨씬 빨리 컸지만. 그리고 어느새 나는 소년이 되었고 엘피는 나이를 먹었다. 늙어 가는 엘피와 더불어 나는 살았다. 엘피가 계단을 오르지 못하게 되면서부터는 안아서 내 방으로 데려갔고, 자기 전에는 반드시 "엘피, 언제나 널 사랑할 거야."라고 말해 주었다. 과장되게 말하면 인간과 개의 인생의 시차가 이 이야기의 기반이 되고 있다.

"엘피, 언제나 널 사랑할 거야. 내 맘 알지?" 하고 늙고 뚱뚱해진 엘피에게 말을 거는 장면에서는 주인공이 어렸을 적 엘피와 술래잡기놀이를 했던 정경이 곁들여진다. 글을 읽어 나가던 나는 앞뒤 분별없이 이 장면에서 숨이 멎는 듯했다. 다음 장을 펴자 침대 옆에 누워 있던 엘피의 몸이 이미 차가워져 있다. 하지만 나는 매일 밤 엘피에게 "언제나 널 사랑할 거야."라고 말해 주었으니 괜찮다. 아버지와 형, 동생은 말해 주지 않았으니까.

그리고 다음 두 쪽에 걸쳐 엘피의 죽음을 극복해 가는 주인공 나의 성장이 그려진다. 이웃에 사는 아이가 강아지를 주겠다고 했지만, 그리고 엘피는 분명 괜찮다고 했겠지만 나는 필요 없다. 대신에 엘피가 썼던 바구니를 그 아이에게 주었다.

한번 이 이야기를 읽게 되면 주인공이 뚱뚱해진 엘피의 어깨를 껴안고 앉아 있는 뒷모습을 왜 표지 그림에 사용했는지 잘 알 수 있다. 군데군데 배치된 스냅사진과 같은 일러스트. 그 따뜻한 시선과 엘피의 표정에 개의 귀여움을 잘 알고 있는 작가의 센스가 배어 있다. 개를 좋아하는 사람에게는 참을 수 없이 좋은 책이라는 점은 두말할 필요도 없지만, 왠지 나는 노인과의 동거나 재택 간호의 문제와 겹쳐서 생각하고 말았다.

《구리와 구라의 빵 만들기》ぐりとぐら
나카가와 리에코なかがわりえこ 글,
오무라 유리코おおむらゆりこ 그림
한림출판사 출간

어느 날 커다란 알이 떨어져 있는 것을 발견한 들쥐 구리와 구라가 그 알로 맛있는 카스텔라 빵을 만들어 숲 속 친구들에게 나눠준다는 이야기다. 얼핏 번역본 같은 구성이지만, 이 책의 작가는 대단히 히트한 동화 《싫어 싫어 유치원》いやいやえん을 탄생시킨 일본의 콤비다. 나는 이 그림책의 비밀이 언어의 리듬감이 아닌가 생각한다.

 "우리들 이름은 구리와 구라
  세상에서 제일 좋은 건

요리 만들기와 먹는 일

구리 구라, 구리 구라

신나게 노래 부르면서 빵이 만들어지기를

기다립니다."

이 장면에서 아내는 툭하면 멋대로 멜로디를 붙여 부르면서 아이에게 읽어 주곤 했다. 요리라고 하는, 어머니가 매일 반복하는 일상을 소재로 하고 있다는 점이 늘 어머니의 달걀 요리나 핫케이크가 완성되기를 기다리는 아이들에게 친근한 감정을 품게 할 것 같다. 실제로 아내는 요리하면서 자신이 붙인 멜로디를 콧노래하듯 흥얼거리곤 했는데, 그럴 때마다 요리를 함께 만들고 싶어 하는 아들도 엄마를 도우면서 조금은 어긋난 음과 리듬으로 따라 부르곤 했다.

구리와 구라가 설탕이나 밀가루를 옮길 때 사용했던 배낭과 같은 가방을 메고 아들은 엄마와 함께 구리와 구라 놀이를 하러 가까운 숲으로 나가기도 했다. 마찬가지로 커다란 알을 발견한 척하며 커다란 프라이팬에 카스텔라를 굽는 흉내를 낼 뿐이었지만, 동물들에게 카스텔라를 나눠 주는 장면에서는 엄청나게 즐거워했다. 아들은 이 책에도 역시 낙서를 했는데, 장작을 모아서 아궁이를 만든 구리와 구라 옆에 성냥 한 개와 성냥갑이 볼펜으로 그려져 있다.

《일학년》いちねんせい
다니가와 슌타로谷川俊太郎 글,
와다 마코토 和田誠 그림

* 한국에 출간되지 않은 도서로 일본 표지를 게재함.

이 책은 몇 살 아이를 위한 것인지 잘 모르겠다. 제목대로 예상
독자가 '일학년'일지도 모르겠지만, 나이 따위는 관계없이 읽는
사람과 듣는 사람을 서로 연결해 주는 신기한 힘이 있는 책이다.
그 힘은 바로 리듬이다. 시인의 리듬.

"사랑한다는 건 어떤 느낌?
제일 소중한 프라모델을 주고
그다음으로 소중한 우표를 주고
덤으로 만화도 얹어주고 싶은 느낌"
(사랑해)

"내가 '가차라메차라'라고 말하자

그 녀석이 '촌비뉴루뉴루'라고 말했다

내가 '고자마리데베레케붕'하고 말하자

그 녀석이 그래서? 하고 말했다"

(욕)

아들은 한동안 '촌비뉴루뉴루'와 '가차라메차라'의 팬이 되어 의미도 없이 외치고는 바닥에 나뒹굴며 웃곤 했다. 다니가와는 '말도 안 되는 말'의 천재다. 아이들도 말도 안 되는 엉뚱한 말의 국제인이다.

"아삿테 기텟테(내일 와 있으래)

기테 맛테텟테(와서 기다리고 있으래)

맛테테 앗텟텟테(기다렸다가 만나래)

앗테 츠레텟텟테(만나서 데리고 가래)"

(ㅅ테)

또 하나 아들이 조심하는데도 팬티에 똥을 묻히는 버릇이 고쳐지지 않았을 때 아내가 함께 만든 노래 '팬티에 똥이 묻었다고 해도'라는 테마송의 토대가 된 것이 다음의 시다. 어느 날 아들이 갑자기 팬티를 머리에 뒤집어쓰면서 계단을 내려오더니 이 시를 읊었다.

"만일 머리가 엉덩이라면

팬티는 모자가 되겠지"

(만일)

《벽장 속의 모험》おしいれのぼうけん
후루타 다루히古田足日,
다바타 세이이치田畑精一 지음
창작과비평사 출간

"이곳은 벚꽃 유치원입니다.

벚꽃 유치원에는

무서운 게 두 가지 있어요."

이렇게 이야기는 시작된다. 하나는 벽장이다. 아이들이 말을 안
듣고 장난을 치면 잘못을 빌 때까지 이곳에 갇힌다. 어느 날 점심
시간에 장난꾸러기 '사토시'와 마음 여린 '아키라'가 떠들어서 친
구들에게 폐를 끼쳤다며 미즈노 선생님이 둘을 벽장 속에 가두

려고 한다.

마음 약한 아키라는 눈물을 글썽이며 잘못했다고 말하려 하지만, 사토시는 선생님이 자기 얘기는 들어보지도 않고 막무가내로 벌을 준 것에 화가 나서 입을 꾹 다문다. 마침내 어두컴컴한 벽장 위아래 칸에 따로따로 들어가게 된 두 아이 사이에는 전사의 우정이 싹튼다.

사토시는 조금 전 아키라에게 뺏은 미니카를 "아깐 미안했어. 이거 갖고 놀아." 하고 돌려주고, 아키라는 그 보답으로 바지 주머니에 넣어 두었던 미니 증기기관차를 위 칸에 있는 사토시에게 건넨다. 이제 두 아이의 모험이 시작된다.

상상의 세계에서 사토시는 증기기관차의 운전사가 되고, 아키라는 라이트를 켜고 신나게 달리는 드라이버다. 그런데 벽장 한쪽 구석의 베니어판이 어느 사이엔가 터널로 바뀌고, 거기서 언젠가 본 적 있는 '쥐할멈'이 나타난다.

"홋홋홋. 나의 귀여운 쥐들이 너희를 먹고 싶어 한단다.
"아키라, 어서 도망치자."

사토시는 아키라의 손을 꼭 잡았다. 디테일이 살아 있는 흑백의 연필화가 중심인데, 왠지 색깔이 보이는 것 같은 느낌이다. 총 79쪽의 알찬 책에 컬러 삽화는 다섯 장뿐이다. 이것이 두 아이의 심상 풍경을 멋지게 그려내고 있어서 오히려 인상적이다. 참고로 이 책은 현재까지(2015년 7월 23일 시점) 무려 227쇄를 찍었다고 한다. 이 책을 비롯해 그림책이 몇 세대에 걸쳐 얼마나 많이 읽히고 있는지 잘 알 수 있다.

《지옥의 소우베》じごくのそうべえ
다지마 유키히코田島征彦 지음

* 한국에 출간되지 않은 도서로
  일본 표지를 게재함.

곡예사인 소우베가 의사와 수도자와 치과의사 세 사람과 함께 염라대왕에 의해 지옥으로 보내진다. 뭐니 뭐니 해도 화자의 사투리가 무척이나 재미있다.

　"곡예사 소우베. 네 녀석은, 으음…… 뭐였더라……. 그렇지. 아슬아슬한 줄타기로 보는 사람의 목숨을 줄여 놨으니 지옥행이다."
　"요런 말도 안 되는 야그가 어딨당께요. 고것이 내 밥벌이

인뎁쇼.”

“시끄럽다. 시끄러워. 너희 네 사람은 지옥으로 보내 주마.
나머지는 귀찮으니, 극락으로 보내 버려라.”

“이건 말이 안 된당께요. 우째서 우덜만 지옥행인감요?
한 번만 더 생각해 봐줍쇼.”

이 대사들이 모두 표준어였다면 얼마나 맛이 없었을까 싶다.

“이건 말이 안 됩니다. 어째서 우리들만 지옥에 가야 합니
까?
다시 한 번만 더 생각해봐 주십시오.”

이 이야기는 가미가타라쿠고上方落語(교토와 오사카에서 창작된 라
쿠고로 에도시대 초기부터 내려옴 ─ 옮긴이)인 '지옥 팔경 망자의 농
담'을 소재로 하고 있다. 이른바 다지마 유키히코 판 단테의 '신
곡' 지옥 편이다. 삼베에 염색한 것 같은 거친 터치의 그림에는
번진 색을 잘라내는 대담한 먹색이 또렷해서 어른에게도 압도적
인 인상을 준다.
유치원 등에서 선생님이 이 책을 읽기 시작하면 그때까지 와~
와~ 거리며 떠들던 장난꾸러기들이 일제히 조용해진다는 일화
가 있다. 아이들은 모두 '죽으면 어떻게 될까?'라는 것에 매우 관

신이 많으므로 고개가 끄덕여진다. 그건 그렇고 지옥행이 결정된 소우베와 다른 세 사람의 직업이 종교가와 의사라는 짐도 재미있다. 예부터 이런 직업을 가진 사람들은 사람의 목숨과 관련해서 상당히 절박한 선택을 강요당하기 때문인 걸까.

《목욕은 즐거워》おふろだいすき
마쓰오카 교코松岡享子 글,
하야시 아키코林明子 그림
한림출판사 출간

작자 마쓰오카 교코는 미국 볼티모어 시와 오사카 시의 도서관에서 근무한 경험이 있으며 도쿄 어린이 도서관의 이사장이다. 명작《도코짱은 어디?》とこちゃんはどこの 작자이기도 하다. 그림은《이슬이의 첫 심부름》はじめてのおつかい(한림출판사 출간)《빙글빙글 팽이가 돌면》びゅんびゅんごまがまわったら으로 익숙한 하야시 아키코의 작품이다.

나는 하야시의 나뭇잎 사이로 비치는 햇빛 또는 옛날 나전구로 비춘 것 같은 주황색이 감도는 따뜻한 빛의 사용 방식이 마음에

든다. 하지만 이 작품에 관해서는 굳이 작자의 독창적 발상을 칭찬하고 싶다.

　"나는 목욕하는 것을 좋아합니다. 목욕할 때는 항상 오리
　인형 푸카를 데리고 들어가지요."

이렇게 시작되는 이 이야기의 주인공 '나'에는 처음에는 고유명사의 이름이 붙어 있지 않다. 그래서 아이에게 책을 읽어 줄 때 이야기를 듣는 아이의 이름을 붙여 주면 된다. 나중에 엄마가 물이 안 뜨거운지 묻는 장면에서 마침내 주인공 '나'의 이름이 밝혀지기는 하지만, 마지막까지 자기 아이 이름을 붙여서 읽어 주면 된다.

몸을 씻고 있으면 얼마 후 물속에 잠수해 있던 오리 인형 푸카가 "욕조 바닥에 커다란 거북이가 있어." 하고 말한다. 이 장면에서 읽는 이는 이 욕조가 평범한 욕조가 아님을 알아차리게 된다.

　"뽀글, 뽀글, 뽀글. 커다란 거북이가 나타났어요."

뒤이어 펭귄이 나타나고, 물개와 하마도 찾아온다. 이 욕조 바닥은 태평양과 이어져 있는 게 틀림없다. 그렇게 모두 함께 물속에 들어가 숫자 세기를 하며 신나게 노는데, "이제 다 씻었니?" 하

고 엄마가 얼굴을 내미는 순간 오리 인형 푸카만 남고 모두 물속 깊이 숨어 버린다. 아이들에게는 집에 있는 '보통의 욕조'에서 늘 일어나는 이야기일지도 모르겠다.

《비 오는 건 싫어!》あめふり
사토 와키코 さとうわきこ 글, 그림
한림출판사 출간

오랫동안 비가 촉촉이 내리고 있습니다.
"비야 그만 좀 와라. 가끔은 밖에서 놀고 싶단 말이야."
강아지와 아기 고양이가 말하자, 호호 할머니도
"정말이야. 나도 놀러 나가고 싶어 못 견디겠다."
하며 창가에서 하늘을 올려다보았습니다.

'할머니'가 아니라 '호호 할머니'인 이유를 모르겠다. 어쨌든 호호 할머니는 그 후 어떻게 했을까? 호호 할머니는 장작을 날라 와서 난로에 넣고 불을 붙인다. 그리고는 필요 없게 된 스키보드와 나무 장식품과 잡동사니를 무더기로 들고 와 난로에 쑤셔 넣고 마구 태운다. 뭉게뭉게 연기를 피우며 활활 타오르는 난롯불 속에 이번에는 후춧가루를 흠뻑 부어 넣고 고추 다발을 집어넣는다. 호호 할머니의 집 굴뚝에서 매운 연기가 피어올라 바로 온 하늘로 퍼져 나간다.

"에취, 에취."

마침내 심술궂게 퍼붓던 천둥과 구름이 땅에 생긴 흙탕물 웅덩이 속으로 떨어지면서 하늘이 맑게 개어 푸른 하늘이 된다. 천둥은 젖어 버린 구름을 세탁하고 말려서 수선하기 위해 호호 할머니 집에서 머물게 된다. 수선이 전부 끝날 때까지 여러 날이 걸렸지만, 호호 할머니도 강아지도 아기 고양이도 절대로 일을 도와주지 않는다. 천둥들이 모두가 합심해서 구름을 말리는 마지막 장면이 압권이다. 역시 호호 할머니는 그냥 '할머니'가 아니라 '호호 할머니'였구나 하고 이해하게 된다.

《달마와 천둥》
だるまちゃんとかみなりちゃん
가코 사토시 加古里子 글, 그림

＊ 한국에 출간되지 않은 도서로
일본 표지를 게재함.

"달마가 밖으로 놀러 나가려는 찰나 비가 내리기 시작했습니다. 우산을 쓰고 나가자 하늘에서 이상한 것이 떨어졌습니다."

"조그만 천둥이 아래로 떨어졌습니다."

천둥과 함께 떨어진 이상하고 둥근 것이 커다란 나뭇가지에 걸리자 달마는 자기 우산으로 찔러도 보고 던져도 보면서 어떻게든 되찾아주려고 한다. 하지만 아무리 애를 써도 손에 잡히지 않는다. 그때 천둥의 아버지가 구름 자동차를 타고 나타난다. 아버지 천둥은 꼬마 천둥의 얘기를 듣더니 고마움의 표시로 달마를 구름에 태우고 천둥 나라로 데려간다. 달마는 꼬마 천둥 집에서 맛있는 음식을 대접 받고 선물까지 받아서 돌아온다.

작자 가코 사토시는 이 밖에도 《도코짱은 어디?》とこちゃんはどこ 《지구》地球를 썼다. 소개문에는 공학박사, 기술사로 되어 있다. 나는 바로 화가의 그림에서는 볼 수 없는 이 소박함이 좋다. 천둥 나라의 수영장이나 마을 모습, 신호등이나 광고 풍선, 왁자지껄 장난치는 모습이나 고리 던지기 도구 그리고 달마가 선물로 받아온 만주에 이르기까지 무심코 미소 짓게 되는 위트가 돋보인다.

《지구》地球
가코 사토시加古里子 글, 그림
* 한국에 출간되지 않은 도서로 일본 표지를 게재함.

이 책은 본격적인 과학책으로, '지구'라는 이해하기 어려운 존재의 실체를 아이들에게(아니 어른인 우리를 포함해서) 깨닫게 해준다. 가깝게는 얕은 지층의 모습에서부터 시작해 '지하' 세계의 존재를 알려주고 마침내 바다 밑에서부터 화산의 마그마에 이르기까지 그 비밀을 파헤쳐 설명해 준다. 마지막에는 지구 전체의 구조, 태양계의 그림 그리고 우주의 은하로 이야기가 전개된다.
첫 장에는 개가 땅을 파고 거기서 '덩굴' 뿌리가 나오는 장면이 있고, 달리기하는 남자아이 발밑에는 '별꽃'이라는 이름의 작은 꽃이 피어나 있으며, 그 옆 개미집에서 기어 나온 '곰개미'들은 분주하게 움직인다.

"여러분은 땅바닥에 피어 있는 조그만 풀을 잡아당겨서 뽑아 본 적 있나요? 뽑아낸 풀 끝 부분에는 흙 속에 숨어 있던 작은 뿌리가 붙어 있을 거예요."

이처럼 작은 존재와 일상의 경험을 통해 이야기를 풀어 나가는 방법이 실로 대단하다. 각각의 현상을 보여주는 장면은 왼쪽과 오른쪽 양 페이지를 사용해 다면적으로 전개한다. 들판에 핀 꽃과 식물의 뿌리, 벚꽃이나 소나무와 같은 거목의 굵은 뿌리, 시골의 논밭, 우물 그리고 대나무 숲과 하천의 모습 등 이런 모든 것이 지상 풍경과 지하 단면도의 교묘한 조합을 통해 소개된다. '노랑나비'(5cm), '찌르레기'(18cm), '도마뱀'(20cm)과 같이 여러 작은 동물과 식물들 사진 옆에는 그 이름과 크기가 붙어 있다. 이제 장면은 한층 숲의 봄, 여름, 가을, 겨울로 이어지고, 마침내 도회지의 모습으로 들어간다. 우리가 사는 아파트 지하의 콘크리트 말뚝, 오수 정화조와 하수도의 모습, 지하상가의 모습이나 주유소, 고층 빌딩이나 지하철의 모습……. 나아가 산에서 물이 어떻게 흘러 내려와서 바다로 가는지 그리고 바다 밑의 모습은 어떤지.
또 산악 지대는……? 석유와 석탄은 어떻게 나오는지. 화산과 마그마의 모습, 일본 해구의 지진 발생원, 고등학교 지리 시간이나 어디선가 배운 기억이 있는 모호로비치치 불연속면에 이르기까지 아이들과 함께 '지구'라는 세계를 여행할 수 있는 책이다.